HAROLD BRODKEY
DIE GESCHICHTE MEINES TODES

*Deutsch von
Angela Praesent*

ROWOHLT

1. Auflage September 1996
Copyright © 1996 by Rowohlt Verlag GmbH,
Reinbek bei Hamburg
«This Wild Darkness» Copyright © 1996
by the Estate of Harold Brodkey
Alle deutschen Rechte vorbehalten
Printed in Germany
ISBN 3 498 00580 4

Für Ellen, mein Licht

Ich möchte Tina Brown, Michael Naumann
und David Godwin für ihre Loyalität und Großzügigkeit
in allem danken, was Harold und sein Werk angeht.
Diese Freiheit nehme ich mir, weil niemand besser weiß als ich,
wie sein Leben ohne sie gewesen wäre; oder ohne Kim Heron,
seine *New Yorker*-Redakteurin in diesen letzten,
hart erkämpften Jahren.

Ellen Schwamm Brodkey

Ich sehe nicht ein, wieso ich etwas für mich behalten sollte.
Oder ich sehe vielmehr nicht ein, wieso ich es andern
überlassen sollte, Zeugnis abzulegen, Hand anzulegen.

H. B., Juni 1993

Es wird für mich keine Beerdigung geben.
Ich werde in eine Höhle in Süddeutschland verschwinden.

H. B., März 1995

FRÜHJAHR
1993

Ich habe Aids. Ich bin erstaunt darüber. Seit 1977 war ich keiner Ansteckungsgefahr mehr ausgesetzt; womit ich sagen will, daß meine homosexuellen Erfahrungen, meine homosexuellen Abenteuer überwiegend in den sechziger und siebziger Jahren stattgefunden haben, und damals habe ich mich darauf verlassen, daß ich andere und mich schützte und daß mit der Zeit, mit jedem Jahr der Abstinenz, immer mehr gegen eine Infektion spräche.

Anfangs störten allerlei Schatten und Zweifel meinen Schlaf, doch später fühlte ich mich mit größerer Gewißheit sicher. Als das Aids-Virus gerade identifiziert worden war, galten fünf symptomfreie Jahre als Indiz dafür, daß man in Sicherheit war. Das hat sich geändert. Nun geht man davon aus, daß jemand nach zwanzig Jahren wohl außer Gefahr ist, doch eine kleine Anzahl von Aids-Fällen verläuft anomal; das heißt, die Krankheit bricht mit einer Verzögerung aus, die nach den geltenden Hypothesen nicht zu erklären ist, nicht einmal bei sorgfältigster und zynischster Nachprüfung. Nicht, daß es sonderlich darauf ankäme. Ich habe Aids. Ich habe eine Lungenentzündung, Pneumocystis carinii, hinter mir, die mich fast umgebracht hätte. Wie unwahrscheinlich es auch sein mag, die Blutbefunde, die Zahl der T-Zellen, die Tatsache, daß ich an Pneumocystis erkrankt bin – dies alles zusammen bedeutet, daß ich Aids habe und sterben muß.

So ist es. Um die Zeit, als man es mir mitteilte, glaubte ich nicht einmal, daß ich Lungenentzündung hatte. Ich meinte, ich litte an literarischer Erschöpfung, unter dem Alter und einer üblen Bronchitis – an Todesdrang nach Beendigung eines Buches, *Profane Freundschaft*, das ich das «Venedig-Buch» nannte. Als der Beitrag für die Zeitschrift *The New Yorker*, an dem ich arbeitete, ein Artikel über die Oscar-Preisverleihung, abgeschlossen und satzfertig war, ging ich zu meinem Arzt, Dr. Barry Hartman. So mit ihm vertraut, daß ich ihn lässig Barry genannt hätte, war ich noch nicht. Er ist Spezialist für Infektionskrankheiten und mein neuer Hausarzt. Er hat die Praxis des Arztes übernommen, zu dem ich früher ging. Er sah sich die Röntgenbilder an, bemerkte, wie dünn ich war, und sagte, ich könne Aids und Pneumocystis haben; ich tat das als Quatsch ab. Wegen meiner Frau, Ellen Schwamm, erklärte ich mich zum HIV-Test bereit, weigerte mich aber, ins Krankenhaus zu gehen. Und Barry sagte, er könne sich auch irren.

Er sagte, er werde mich anrufen und mir die Testergebnisse durchgeben. Ich sagte, er solle sich die Mühe sparen. Ich sei nicht so gespannt darauf.

Ich ging nach Hause, legte mich ins Bett, nahm das Breitband-Antibiotikum, das Barry mir verschrieben hatte, und sprach mit dem Dokumentaristen telephonisch den Artikel über die Oscar-Preisverleihung durch. Und ich litt unter grippaler Bronchitis und Fieber, nicht aber unter schlimmen Vorahnungen. Wegen des HIV-Tests war ich ein bißchen nervös, denn man weiß ja nie, welche Überraschungen Gott aus dem Ärmel, dem Schicksalsärmel zieht. Aber nicht sonderlich nervös. So viele Jahre waren vergangen. Ich hatte nicht einmal jenes Gefühl, entgleist zu sein, das man haben kann, wenn man krank ist – *Du verfluchter Idiot, was mußtest du auch so lange aufbleiben, wo du doch wußtest, daß du übermüdet warst*... Ich empfand kein Bedauern dieser Art.

Bis zum folgenden Abend hatte sich mein Zustand jedoch so verschlechtert, daß ich in den Böen von widerlichen Empfindungen keinen Halt mehr fand. In Panik war ich meiner Erinnerung nach nicht, aber ich fühlte mich so krank, daß ich zum ersten Mal im Leben mit Unbehagen an den Tod dachte (zumindest zum ersten Mal an Tod infolge einer Krankheit). Ellen brachte mir eine unnachgiebige Aufmerksamkeit und eine Güte entgegen, in der kein Funken von Unabhängigkeit oder Ironie zu entdecken war. So war sie noch niemals mit mir umgegangen – nicht einmal sexuell. Würden Sie Ellen kennen, dann wüßten Sie, wie selten eine andere innere Haltung als die der Autonomie bei ihr ist. Seltsam war, daß die Krankheit von Stunde zu Stunde schlimmer wurde, sich immer mehr festsetzte, mit so etwas wie gedämpfter Rasanz. Sie schwoll bis zur nächsten schrecklichen Stufe an, stabilisierte sich auf dieser scheußlichen Höhe und ebbte dann in Wellen zu einem noch schlimmeren Pegelstand hin ab. Nichts gebot dem nahenden Ersticken Einhalt. Vor Ellen wahrte ich weiter das Gesicht, versuchte es zumindest, bis so etwas wie ein extremes inneres Verstummen eintrat und nichts mehr ging. Die eigenartigen, erstickenden Schwindelgefühle wichen und wankten nicht; ich stellte fest, daß ich überhaupt nicht mehr atmen konnte, nicht einmal im Sitzen.

Ich gab nach. Ich sagte, wir müßten wohl ins Krankenhaus. Die Leute von der Ambulanz kamen, und ich flüsterte ihnen zu, ich könne weder gehen noch sitzen. Auch nicht atmen. Sie gingen hinunter und holten eine Trage und Sauerstoff. Durch einen Schlauch in der Nase atmend, reglos unter Tüchern auf der Trage, wurde ich durch unsere Wohnung in den Aufzug, durch die Eingangshalle gerollt, am Portier vorbei, dann kurz an die Luft, über das Trottoir und in den Krankenwagen. So endete mein Leben. Und mein Sterben begann.

Als Barry sagte, ich hätte Aids, sagte ich, das glaubte ich ihm nicht. Er sagte: «Glauben Sie mir.» In diesem Moment hatte ich solche Atemschwierigkeiten, daß es mir fast egal war. Ich fand es peinlich und beschämend, daß die Menschen, die mich im Krankenhaus pflegten, zu ihrem Schutz besondere Vorsichtsmaßnahmen würden ergreifen müssen. Als dann das Fieber sank, gewannen wohl mein Stolz und Kampfgeist die Oberhand. Als jemand vom Sozialdienst erschien und mir Beratung anbot, fand ich das lästig, obwohl der Berater ein sehr angenehmer Mensch war, warmherzig und intelligent. Ich nehme an, ich sträubte mich oder kämpfte gegen die Annahme, daß mein Tod nun schwerer werden würde als andere Todesarten, schwerer zu ertragen, und daß es unerträglich sei, zu einem solchen Tod und Leiden verurteilt zu sein. Ich fand das nicht. Ich wollte das nicht finden.

Ellen sagt, sie habe an dem Montag, an dem wir es erfuhren, auf dem einzigen Stuhl im Krankenhauszimmer gesessen. Um zu beweisen, daß sie sich tatsächlich im brodkeyschen Sinne erinnert, gemäß brodkeyscher Theorie und Methode, sagt sie, Barry habe mit verschränkten Armen am Fensterbrett gestanden, als er es uns mitteilte. Und daß es draußen warm gewesen sei. Und daß ich sonderbar jovial und vernünftig gewesen sei. Sie sagt, ich sei heldenhaft und völlig beherrscht gewesen; ich hätte sie verblüfft, als ich mich *artig* bereit erklärte, mich wegen Pneumocystis behandeln zu lassen, statt zu verlangen, man möge mir Sedativa geben und mir erlauben zu sterben. Ich habe in Erinnerung, daß Barry sich mit einer Hand auf das Fensterbrett stützte, dann die Arme wieder verschränkte und sagte: «Sie haben wirklich Aids», daß er in dieser Haltung verharrte und mich dabei fest ansah.

Doch diese ersten Momente, in denen mir bewußt wurde, daß ich tatsächlich Aids habe, verschwimmen, sie entschlüpfen mir und kehren unter wechselnden Verkleidungen wieder. Ich befand mich im New Yorker Hospital, in einem Einzelzimmer – allein schon ein Zeichen dafür, daß man Aids hat, wenn man von der Notaufnahme in ein Einzelzimmer verlegt wird –, ich konnte trotz Sauerstoffzufuhr noch immer kaum atmen, ich hatte hohes Fieber und war benommen von Medikamenten, wenn auch nicht in so hohen Dosen wie später. Über einen Schlauch atmete ich Sauerstoff aus einem Tank, und ich hing am Tropf. Ich war nicht in einem Zustand, in dem Eitelkeit angebracht gewesen wäre, und dennoch war ich eitel – ich war um Ellens Meinung über mich besorgt. Ich nehme an, dies ist eine männliche Art und Weise, sich um ihre Gefühle, ihre Reaktionen zu sorgen, ohne sich eigentlich um sie selbst zu sorgen.

Das Fieber stieg und sank in ätzenden Wogen. Eine Art von endgültiger Kastration, von echter Hilflosigkeit schien sehr nah zu sein. Soweit ich sah, konnte ich nichts dagegen unternehmen. Bemühen um Manieren, ein Hauch von William Powell, von Huckleberry Finn, mit dem Bett als Floß – es erschien mir wie zerbrochenes Treibgut.

Ich hörte Ellen etwas sagen, sie fragte Barry, was weiter geschehen würde, und er antwortete, nachdem die Pneumocystis abgeklungen wäre, hätte ich die Chance, noch einige wenige Jahre zu leben.

Und ich sagte: «Aber das wird doch peinlich.» Das Stigma. Inkontinenz. (Würde ich Windeln tragen müssen?) Blindheit. Er sagte, die guten Jahre seien ziemlich gut, seien lebenswert.

In dem wirren, trüben Gedankengestöber, das in mir herrschte, erachtete ein innerer Korrektor dies als falsch, als unangemessenes Element in der Geschichte meines Lebens. Ich dachte unlogisch, fieberhaft, und doch bewegte sich mein Geist noch so, als wäre er ein rationaler Verstand – der Geist, der Geist eines jeden, steht niemals still, ist etwas so kontinuierlich Ruheloses wie das Licht, sogar im Schlaf, wenn die Lichtquelle sich innerhalb und nicht außerhalb des Schädels befindet. Innerlich vollzog ich die ersten Schritte auf die Anerkennung des Faktums Aids zu, jedoch nicht in jenem Bewußtseinsgewölbe, in dem ich Romane und Erzählungen zu schreiben versuche – ich empfand nicht die gleiche Isolation –, sondern in einer anderen Art von Einsamkeit. Und vielleicht fühlte ich, wie erbärmlich es Ellen ging. Vielleicht spürte ich, was ich ihr nun – sozusagen – angetan hatte.

Zu den Grundtatsachen in meinem Leben gehört, daß ich vor ihr angebe. Traurigerweise bekam ich es an jenem Abend irgendwie nicht richtig hin. Ich keuchte zu stark, und Ellen bedeutete mir ständig, ich solle nicht unnötig versuchen zu sprechen. Sie war außer sich vor Angst und ganz auf ihre Form von Tapferkeit konzentriert – sie bebte fast davon. Nur in jener Erinnerung, in der auch das Fieber wieder da ist, in einer so vollständigen Erinnerung, sehe ich sie tatsächlich, mit der Kraft in ihren Augen, der höflichen Stimme, und fühle, wie sie sich über mich beugt, wie um mich mit ihrer zierlichen Gestalt zu beschützen. Später erzählte sie mir, sie sei überzeugt gewesen, daß es für uns aus sei, für uns beide, daß sie in Anbetracht aller Umstände ebenfalls infiziert sein müsse. Daß wir diesen vernichtenden Schlag in keiner Hinsicht überleben würden. Doch damals sagte sie von alldem nichts. Sie ist häufig nicht offen; sie belügt mich oft, weil ich sie in vieler Hinsicht tyrannisiere; sie ist flink, taktisch flink.

Sie sagt, sie habe angenommen, wir würden beide sterben, gemeinsam – gleichzeitig Selbstmord begehen –, in ein paar Monaten, wenn alles geregelt wäre. Aber sie habe nicht gewollt, daß ich sie gleich verließe, nicht so abrupt. Die meisten, die Ellen kennen, kennen sie als zierliche Tyrannin, die ein wenig aussieht wie eine kleine Greta Garbo. Ihr Haar ist grau, und ihr Gesicht ist nie geliftet worden. Sie ist körperlich noch immer interessant – von klarer, sorgsam stilisierter Gestalt, wie der Stöpsel einer teuren Parfumflasche. Sie ist unglaublich willensstark, und sie ist mein lebendes Empfehlungsschreiben. Andere Leute halten sie für gutaussehend, vertrauenswürdig und vernünftig – unabhängig davon, wie sie über mich denken. Aus dem Verhalten von Barry und der gehetzten Krankenschwestern läßt sich klar darauf schließen, daß sie Ellen so sahen. Alle vertrauten sie auf ihre Willens- und Urteilskraft, nicht auf meine.

Ich erinnere mich, daß ich in Ellens Augen nicht als idiotischer Ausbeuter erscheinen wollte, indem ich sie bäte, mich mit einer unheilbaren Krankheit, die noch dazu ein sexuelles Stigma trägt, bis zum Tod zu pflegen. Ich fragte mich, ob sie mich verabscheuen würde. Ich kannte einmal eine Frau, die eindeutig – in bestimmten Grenzen – eine gute Ehe geführt hatte und deren Mann, ein gescheiter Bankier, erkrankte und alle durch die Energie beeindruckte, mit der er versuchte, wieder er selbst, wieder gesund zu werden. Diese Frau hörte ich einmal sagen: «Ich wünschte, er gäbe auf.» Sein Kampf dauerte so lange und dominierte alles so sehr, daß es sie schier umbrachte. Und er war kaum noch am Leben – es sei denn als zum Kämpfen entschlossener Wille.

Aber als ich in jenem Krankenzimmer lag, sah ich es anders: schließlich ist der Tod ein Gemeinplatz – und Aids auch. «Und wenn schon», sagte ich. Das ließ die Gesichter der beiden anderen auch nicht aufleuchten. «Himmel noch mal», sagte ich, «was für ein Mist.» Barry sagte etwas von Tranquilizer und psychologischem Beistand, damit ich mit dem Schock und der Verzweiflung, der natürlichen Trauer zu Rande käme. «Ich komme schon klar», sagte ich, und großspurig fuhr ich fort: «Es geht doch bloß um den Tod. Ist ja nicht so, als würde man die Haare oder sein ganzes Geld verlieren. Mit dieser Sache hier muß ich nicht leben.»

Ich wollte sie zum Lachen bringen. Ich wollte von ihnen

bewundert werden, zugegeben; aber ich wollte auch, daß Ellen nicht weiter derart innerlich bebte, und ich fürchtete mich davor zu sagen: «O Gott, was habe ich getan?», oder: «Seht, was mir zugestoßen ist», oder: «Das ist einzig und allein meine Schuld.» Ich bin der Trauer gegenüber eigenartig feige. Ich würde viel lieber leiden, ohne zu trauern. Die beiden beobachteten mich, bereit, mir Mitgefühl und Trost zu schenken. Ellen wandte sich Barry zu, der mein Verhalten wohl mißbilligte. Oder besorgt war: «Wenn die Verzweiflung zuschlägt, können wir helfen; dagegen haben wir Medikamente», sagte er zu ihr.

Ich war ohnehin nur oberflächlich bei Bewußtsein, einem künstlich erzeugten Bewußtsein. Vermutlich hatte ich mich zu dem Versuch entschieden, mich nicht gedemütigt zu fühlen, und das erforderte, daß ich nicht jämmerlich auf diese beiden Menschen wirkte, die einzigen, die ich während der kommenden acht Wochen mit einiger Regelmäßigkeit sah. Und, sehen Sie, ein traumatisiertes Kind, wie ich es vor langer Zeit gewesen bin, und eines, das sich wie ich davon erholt hat, ein solches Kind verfügt über eine Mauer zwischen sich und dem Schmerz oder der Verzweiflung, zwischen sich und der Trauer, zwischen sich und dem In-die-Hose-Machen. Das ist für mich der Maßstab – mit dem ganzen Gewicht meines Lebens so klarzukommen, daß das Gedärm manierlich bleibt. Alles übrige ist Wahnsinn, Wut, Erniedrigung.

Von neuem überflutet mich das Fieberbewußtsein, saugt mich in jenen Moment zurück, an dem die Zukunft, wie ich glaube, plötzlich für mich verschwunden, zu einer weichen, matten Wand geworden war. Damals am Anfang, am Ende, als Barry mir unumwunden sagte, ich hätte Aids, empfand ich das noch nicht, obwohl ich zugleich einsah, daß Leugnen vergeblich war. Barry war für mich zu jenem Zeitpunkt noch nicht im mindesten real. Er war lediglich ein Leitungsdraht, eine Art Blitzableiter für medizinische Irrtümer. Ich glaubte noch nicht, daß er ein guter Arzt sei – das kam wenig später. Der Rahmen meines Ichs veränderte sich durch die ausgesprochenen Worte nicht; das generelle Gefühl, daß dies mein Körper ist und mein ganzes Leben lang mein Körper gewesen ist, löste sich nicht auf – das sollte ein paar Tage später geschehen. Ich hatte nicht das Gefühl, meinen Tod in mir zu tragen.

Ellen sagt, sie habe sich zurückgenommen und erwartet, ich würde – psychisch – gewalttätig werden und den Tod sofort haben wollen, sobald ich die Diagnose akzeptiert hätte. Nun, das stimmt. Aber ich fürchtete den Tod auch, fürchtete mein endgültiges Verstummen.

Und ich schämte mich vor Ellen und war wütend auf sie. Sie glaubt nicht beständig, daß ich sie liebe – zu ihren am wenigsten liebenswerten Zügen gehört, daß sie dafür in unvernünftigen Abständen Beweise erwartet. Und was ist Liebe denn? Nach meinem Maßstab dafür hätte ich sterben sollen, um sie zu schonen. Sie ermißt die Liebe daran, wieviel länger wir zusammenbleiben.

Ich spürte Sekunde für Sekunde die Atemnot. Merkwürdig war, daß mir jedes Gefühl für Präsenz, für Poesie und Stil verlorenging. All das war verschwunden, spurlos, restlos. Ich ahnte noch vage, wieviel von der verlorenen Kraft ich bräuchte, um eine Metapher denken oder erfühlen zu können, und wie fern mir das gerückt war. Alles war von

Atemnot und von diesem Todesurteil bestimmt, von deren termitenhaft-demokratischem Wirken, den chemisch erzeugten Schüben von Unwohlsein und Hitze, von schleichendem Fieber und dem trägen, aber geschäftigen Gären der Krankheit in mir. Außerhalb von mir gab es nur Ellens Atem, die Farbe der Wände im trüben Licht, die Krankenhausgeräusche, das Fernsehgerät in seiner Halterung an der Wand und das tickende Gleiten der Momente.

Und nichts ergab einen Satz oder das Samenkorn zu etwas Sprechendem, nichts barg Erleuchtung, nichts kündete von einem Sinn, kündete von irgend etwas, das über das Atmen hinausgeführt hätte. Auf nichts als meine Atmung achtend, war ich als Sterbender vielleicht real und vollständig lebendig, auf menschliche Weise – zum ersten Mal nach zehn oder fünfzehn Jahren harter Arbeit. Wenn ich wach lag, war ich davon beinahe heiter amüsiert. Haben Sie – als Kind – je allein in einem großen Karton gespielt, in dem ein Kühlschrank geliefert worden war? Oder haben Sie einmal allein in einem großen Raum gearbeitet? Oder des Nachts, wenn sonst alle schliefen? Alles, was ich nun sage, bezieht sich auf Gefühle im Innern eines solchen Kartons, des Kartons, in dem ich lebe. Unmöglich, daß irgend jemand die mächtigen Gefühle ahnen kann, die ich in meinem Karton an die Pappwände projiziere.

In den folgenden zwei Wochen blieb die Welt samt aller anderen Fragen unbeachtet. Wir waren zwei Menschen, allein in einem Krankenhauszimmer. Wir ließen keine Besucher herein. Nahezu stumm verbrachten Ellen und ich zwei Wochen miteinander und mit meiner zunehmenden Hilflosigkeit. Ich neigte dazu, die Infusionsschläuche durcheinanderzubringen und das Sauerstoffröhrchen zu verlegen. Ich habe schon begonnen, es auszusprechen: Ich konnte kein vernünftiges Interesse an der Zukunft empfinden. Die einzelnen Momente wurden außerordentlich tiefenlos – nicht wertlos, aber flach und bedeutend leerer. Wenn man erfährt, daß man unheilbar krank ist, wird die Zeit zu einer höchst verwirrenden, vielleicht uninteressanten, banalen Sache. Doch daß mir gleichgültig war, ob ich weiterlebte oder starb, schmerzte Ellen. Und ich war dankbar dafür, daß ich meiner Feigheit vor dem Tod nachgeben konnte, indem ich für Ellen weiterlebte.

Ich weiß noch, wie sie in jener ersten Nacht nach vier grauenvollen Stunden, die sie in unserer Wohnung allein verbracht hatte, zermürbt von Alpträumen ohne Schlaf, zurück in die Klinik kam. Sie kam kurz nach dem Morgengrauen und ließ sich ein Bett in mein Klinikzimmer bringen.

Ohne mich anzusehen sagte sie: «Ich möchte mehr Zeit mit dir verbringen.»

Und ich erwiderte, aus dem Inneren meiner flach gewordenen Welt heraus: «Du spinnst. So lustig ist es gar nicht zu leben. Nicht mehr. Und das weißt du auch.» Ich seufzte. «Aber wenn du wirklich willst...»

«Ich will es», sagte sie.

Ich möchte mich in dieser Sache nicht abwehrend bürgerlich verhalten, doch die Entscheidung, die ich traf, war eine bürgerliche und keineswegs rühmlich – zu versuchen, mit Aids zu leben, noch eine Weile damit weiterzuleben. Ich fand das Verhängnis erträglich. Zudem war ich, bin ich nicht mehr jung. Ich werde nicht gefällt, bevor ich die Chance hatte zu leben. Vor allem aber war ich, bin ich nicht allein. Es ist mir peinlich, krank zu sein, auf diese Art und Weise krank zu sein; bisher jedoch hat niemand mit Abscheu oder Widerwillen reagiert. Ich war darauf gefaßt. Für die jungen Ärzte im Krankenhaus ist Aids heutzutage langweilig geworden (und ich hatte keine neuartige opportunistische Infektion, sondern die gewöhnlichste), so häufig ist die Krankheit; doch draußen erregt sie, in New York zumindest, Mitgefühl und Neugier. Tatsächlich habe ich ein wenig das Gefühl, im Rampenlicht zu stehen, oder vielmehr mein Sterben und meine Stimmungen sind angestrahlt. Und wenn schon, oder?

Barry, einen sehr fähigen und sehr erfahrenen Arzt, überrascht es, daß ich nicht heftiger deprimiert bin. Munter sagt er, ich sei viel stärker aus dem Gleichgewicht, als mir klar sei. Er meint, einige der Medikamente schirmten mich davor ab, und bereitet mich darauf vor, daß ich sehr unglücklich sein werde, doch bislang ist dies nicht eingetreten. Ich wehre mich dagegen, vermute ich. Und meine Frau ist in jedem Moment bei mir. Es stimmt, ich fühle mich von meinem Alter abgeschnitten, doch das ist etwas anderes, als wenn sich jemand Junges vom größten Teil seines oder ihres möglichen Lebens abgeschnitten fühlt.

Um ehrlich zu sein, die Anstrengung des Schreibens, mein Alter und die bedrängende, atemberaubende Krankheit selbst, dazu der Umstand, daß ich so traurig von der *Gültigkeit* und *Bedeutung* meiner Ideen (die mein Werk repräsentiert) überzeugt war und dieses Werk so glücklos verteidigte – all dies hatte mich so ermüdet, daß mich der Gedanke an den Tod erleichterte. Doch zugleich wollte ich

Aids mit einer Geste des Trotzes begegnen. Somit ergaben sich einander widersprechende Verhaltensstile. Die Krankheit und ihre Zwänge waren (wie alle Zwänge) verachtenswert. Später einmal, stellte ich mir vor, würde ich mich vorsichtig mit ihr anfreunden, während sie mich umbrachte, aber noch nicht gleich. Diese Attitüde erschreckte Ellen, die eine Weile annahm, ich würde sofort völlig zusammenbrechen. (Ich bin mir nicht sicher, was ich selbst erwartet habe, es ging jedoch ganz leise, fast heimlich vor sich.) Ellen würde ihre Reaktionen anders beschreiben.

Sie hatte meinetwegen ihren Mann verlassen. Sie ließ alles stehen und liegen. Niemand außer ihren Kindern stand zu ihr. Insgesamt waren wir inzwischen seit fünfzehn Jahren zusammen. Während mancher dieser Jahre herrschte Spannung wegen öffentlicher Attacken, die ziemlich tückisch waren. Weder zwischen mir und ihren Kindern noch zwischen mir und meiner Tochter war es immer reibungslos gelaufen. Ein paar von diesen Jahren waren unglaublich hart gewesen. Einer ihrer Söhne war sehr krank gewesen, und nicht einmal während seiner Krankheit hatten die öffentlichen Attacken nachgelassen. In jener ersten Nacht, die ich im Krankenhaus verbrachte, versuchte sie, für sich zu dem Schluß zu kommen, es habe sich trotz allem gelohnt; doch solche Dinge sind schwer zu klären, wenn man allein ist. Sie sagt mir, sie habe sich verschreckt und verloren gefühlt. Beharrlich behauptet sie, sie bedaure nichts. So äußern sich ihre Disziplin und Selbstbehauptung, wenn man, wie offenkundig auch immer, in ihrer Obhut ist – das Leitmotiv ihrer privaten Verfassung ist ihre Macht zu geben. Ellen wird immer allmächtig sein, sie muß es sein, um einen so trösten zu können, wie es ihren Ansprüchen entspricht. Ständig gerät man ins Stolpern auf der Geröllfläche ihrer halbverborgenen Allmacht, dem beherrschenden Moment in jedem Haushalt, den Ellen führt, in jeder ihrer Liebesbeziehungen. Zur Hälfte besteht jeder Kuß, den sie gibt, daraus.

Ellen verbindet Diesseitigkeit mit einem Sinn für das Wunder und die Bedeutsamkeit des Schicksals. Schlechte Nachrichten verkraftet sie, doch es ist ratsam, ihr Hoffnung, einen Ausweg, die Möglichkeit zu einer Kette von Erkundigungen anzubieten. Sie ist, wie gesagt, unglaublich willensstark und unabhängig, unglaublich bereit, Probleme anzupacken. Nun aber gab es kein Ziel. Ellen verwöhnte mich und unterwarf sich meiner unsicheren Führung. Sie weinte, als sie erfuhr, daß sie nicht infiziert war; sie sagte, es deprimiere sie, so sehr von mir getrennt zu sein. Und ich fand, wenn ich Aids hatte, habe Ellen das Recht, vielleicht die Pflicht, mich zu verlassen; daß ich diese Krankheit hatte, setze alle Verträge und Gefühle außer Kraft – als ein der Ehe und jedem Sakrament übergeordneter Umstand, ein neuer Stand der Dinge, in welchem wir in gewissem Sinne nicht existierten. Was wir gewesen waren, war aufgelöst – wie unter der Einwirkung von Strahlen oder einer Säure. Das *Sakrament* blieb vielleicht bestehen, doch es war nun zu einer Sache zwischen Ellen und ihren Überzeugungen geworden; Fürsorge schuldete sie mir in meinen Augen nicht mehr. Zum einen war ich nicht mehr ich. Und zudem hatte Ellen genug gelitten.

Ich selbst würde schon eine Passage finden. Als Kind und als Erwachsener bin ich selten, fast niemals krank gewesen, wenn ich es jedoch war, dann immer ernstlich und beinahe tödlich. Dreimal in meinem Leben hatten Ärzte mich bereits aufgegeben, und für einige Minuten ein viertes Mal. Diesmal ist es glaubwürdiger, aber ansonsten bewege ich mich nicht auf unvertrautem oder unerklärlichem Terrain.

Ich war ein Hypochonder, allerdings aus gutem Grund – ich konnte keine Medikamente nehmen, keinerlei Arzneien, ohne extrem, paradox oder allergisch darauf zu reagieren. Eigentlich wurde ich nie krank. Ich trieb Sport, wanderte, war vorsichtig, überempfindlich für die Qualität der Luft, gegen Hitze und Kälte, Lärm und Gerüche, ein Mensch, der sich wegen all dieser messerscharfen Reaktionen rascher ermüdet fühlte als die meisten; jemand, der sich hütete, krank zu werden, weil durch meine allergischen Reaktionen auf Medikamente fast jede Krankheit zu einer dramatischen Erfahrung wurde.

Ich verfügte über einen äußerst festen Sockel für meine Stimmungen und Geisteszustände, für meine mentale *Landschaft*. Nun, damit ist es vorbei; vollkommen vorbei. Von dem Moment an, da ich nur noch etwa fünfzig Prozent des notwendigen Sauerstoffs aufnahm und die Sanitäter mit der Trage und dem Sauerstoff in unserer Wohnung erschienen, von diesem Moment an und anschließend im Krankenhaus habe ich bis heute nicht einen Moment physischer Stabilität erlebt. Brandungsgeräusche schwellen in mir an und ab, als wäre ich eine Muschel, mein Blut scheint zu schäumen und zu prickeln. Einen Tag lang hatte ich eine Art von Fieber, mit Frösteln und Schweißausbrüchen, jedoch bei einer *tieferen* Körpertemparatur als normal, 35,6°. Ich war dem Ersticken nahe und rang nach Luft. Ich hatte Pleuritis in der rechten Lunge, eine Entzündung des Thorax-Hohlraums, die sich wie eine brennende Erstarrung der Muskeln anfühlt und teuflisch weh tat, wenn ich hustete, mich abrupt bewegte oder nach etwas greifen wollte.

Und natürlich kann man in jedem Moment sterben oder Symptome einer völlig neuen Krankheit an sich entdecken. Mein Leben hat sich irreversibel verändert, auf dieses Sterben hin.

Dennoch stört mich das Todesurteil *intellektuell* nicht. Ich sehe nicht ein, was dadurch schlimmer geworden sein soll als zuvor. Bislang habe ich kaum Probleme damit gehabt, daß im Leben der Tod garantiert inbegriffen ist. Ich habe den Tod als Idee und Realität, als etwas Unvermeidliches niemals geleugnet, mich nie hysterisch davon abgegrenzt. Ich habe immer gewußt, daß *ich* sterben würde. Ich habe mich niemals unverwundbar oder unsterblich gefühlt. Ich habe die bedrohliche Gegenwart des Todes bei grellem Sonnenschein gespürt, im Wald und in gefährlichen Momenten im Auto und im Flugzeug. Ich habe sie im Leben anderer gespürt. Meine Furcht vor dem Tod, mein Wüten gegen ihn konzentriert sich darauf, mich in entscheidenden Augenblicken seinen weichen Fängen zu widersetzen, gegen die Unterbrechung, die Trennung anzukämpfen. Als ich noch jünger war, durchströmte mich in Momenten physischer Gefahr, beim Bergsteigen etwa oder wenn ich in einer Schlägerei oder in der Stadt von Räubern bedroht wurde, ungestüme Kraft. Vor langer Zeit war ich es gewohnt, meine kindliche oder jungendliche Kraft in den Dienst kranker Menschen zu stellen. Ich lieh ihnen auch meine Willenskraft. Der Tod schüchterte mich ein wenig ein, ängstigte mich vielleicht auch irgendwie, doch zugleich fürchtete ich ihn nicht sehr.

Wie andere Kinder auch fand ich den Tod, als ich noch sehr jung war, interessant – tote Insekten, tote Vögel, tote Menschen. Im Milieu der Mittelschicht und oberen Mittelschicht war alles, was real mit dem Tod zu tun hatte, merkwürdig – ich meine, im Verhältnis zu den üblichen Prätentionen und Behauptungen, zu den Plänen, zur Sprachregulierung und zum Stolz. Der Tod kam einem sanft unerbittlich vor, wie der Ruin, wie ein neues Ordnungsprinzip, wie ein sanft aufdringliches, unwiderstehliches Schweigen. Er war etwas, wovon manche Jungen, die ich kannte, und ich selbst glaubten, wir sollten uns damit vertraut machen. Von jung an und auch als Heranwachsende hatten wir den bestimmten, bewußten Willen, uns nicht von Todesfurcht beherrschen zu lassen – bevor wir gewisse Dinge taten, würden wir eher sterben. Bis zu einem bestimmten Punkt unterlag auch diese Aufsässigkeit der Überwachung; weitgehend konnten wir uns aussuchen, welchen Gefahren wir uns stellten, jedoch nicht immer. Unter jungen Leuten in Kriegszeiten mag all dies das übliche sein; ich bin während des Zweiten Weltkriegs aufgewachsen. Und in hohem Maße hing es von dem Ort, an dem man lebte, und von der Klassenzugehörigkeit ab, davon, wie man seine sexuelle oder persönliche Identität gegen den eigenen Vater oder in der Schule verteidigte.

Da ich den Tod vor langer Zeit akzeptiert habe, um – in bestimmten Grenzen – physisch und moralisch frei zu sein, hat man dieses letzte Todesurteil nicht gebrochen, wenigstens noch nicht; und nicht etwa, weil ich es leugnen würde, glaube ich. Warum sollte sich daran jetzt etwas geändert haben? Soll ich zerbrechen, nur weil ein Bluff aufgeflogen ist? Ich bin krank und erschöpft, stumpf und verdüstert von der Pneumocystis, an der ich vor einigen Wochen beinahe gestorben wäre, und ich betrachte den Tod als ein Schweigen, ein Schweigen, eine intime, unantastbare Sphäre, in der es keine Reaktionen und Meinungen mehr gibt, als Erleichterung, als Privileg, als zum Glück eintretendes, anmutiges, allseitiges Schweigen, für das man dankbar sein kann. Niedergeschrieben lesen sich die Worte, die ich innerlich dafür tatsächlich benutzt habe, mehrdeutig – *es ist an der Zeit*, daß Schweigen einkehrt.

Ich bin zweiundsechzig, und es ist ökologisch vernünftig zu sterben, während man noch produktiv ist; zu sterben und seinen Platz für andere, Alte und Junge, zu räumen. Ich habe nicht immer zu schätzen gewußt, was ich hatte, aber nun ist mir deutlich, daß es so ziemlich der Wahrheit entsprach, wenn man mir vorwarf, ich hätte in der Liebe und auch sexuell Glück. Und ich hatte intellektuell Glück und gelegentlich Glück mit den Leuten, mit denen ich zusammengearbeitet habe. Ich habe über Liebe und Sex keine traurigen Geschichten zu erzählen.

Und mein Werk wird überleben, glaube ich. Ich bin es auch leid, es zu verteidigen, ihm mein Leben zu opfern, um meine Person sind ästhetische und literarische Kontroversen entstanden, ich war eine Zielscheibe für die Barbarei und den Spott der Medien, gelegentlich auch für Lob. Der Strom des New Yorker und europäischen Klatschs hat hinterhältige Angriffe gegen mich hervorgebracht, und es hat mich enorme Kraft gekostet, mit all dem fertig zu werden. Aber ich habe mein Leben gemocht. Ich mag mein Leben auch jetzt, wo ich krank bin. Ich mag die Menschen, mit denen ich zu tun habe. Ich habe nicht das Gefühl, ich würde von der Bühne gefegt, ermordet oder in einen Wäschekorb gestopft, während mein Leben noch nicht abgerundet ist. Ich sterbe, ich bin an der Reihe – daß manche Leute das interessant finden, sehe ich ein, nicht aber, daß es tragisch wäre. Ja, manche Dinge wurden mir vorenthalten, um manche bin ich ein Leben lang gemein betrogen worden, aber wer nicht, also, was soll's? Ich habe auch viele Privilegien genossen. Manchmal bin ich traurig, weil es vorüber ist, aber so ergeht es mir auch mit Büchern, Sonnenuntergängen und Gesprächen. Die Medikamente, die ich nehme, lassen meinen Stimmungen nicht viel Spielraum, daher mißtraue ich diesen Reaktionen, aber ich glaube, es sind meine. Mein ganzes Leben bin ich ein Narr gewesen, habe große Stücke Zeit verschenkt und Jahre mit nichts Besonderem vertan. Ich hatte eine manische Liebe für tapfere Worte, und ich habe mit dem Möglichen geflirtet oder etwas davon geahnt – und danach wollte ich mich hinlegen und darüber nachdenken. (Bernard Malamud hat einmal gesagt, ich hätte ein Dutzend Bücher, die ich hätte schreiben können, durch Reden verschenkt. Ich habe ihm nie gesagt, wieviel Zeit ich damit verbracht habe, dazuliegen und auf nichts zu starren.) Und vielleicht bin ich auch jetzt ein Narr.

Fast wäre ich gestorben, als meine erste Mutter starb und mich als knapp Zweijährigen so gut wie verwaist zurückließ. (Mein leiblicher Vater Max Weintrub war Analphabet und ein kleiner Trödler, in seiner Jugend ein halbprofessioneller Boxer und unheilbar gewalttätig; ich traf ihn gelegentlich, während ich heranwuchs, kannte ihn aber nie wirklich wie einen Vater. Mir wurde erzählt, daß er mich nach dem Tod meiner Mutter für dreihundert Dollar an Verwandte – die Brodkeys – verkauft hat.) Und ich bin schon früher gestorben, dem Tod nahe genug gekommen, daß die Ärzte und Krankenschwestern damals sagten, dies seien Todeserfahrungen gewesen, Todesahnungen, ein kleiner, von innen her empfundener Tod. Und ich habe Sterbende gepflegt und mich an Sterbelagern aufgehalten. Als Erwachsener habe ich mich an einem bestimmten Punkt gezwungen, mich der Gefühle des Kindes soweit zu erinnern, wie ich nur konnte. Was ich nun empfinde, ist viel gelinder. Mein Werk, meine Ideen, Theorien und Lehren, mein Stolz – sie alle haben sich verschworen, mir nun, da ich krank bin, jene Gefühle einzugeben, die ich habe.

Ich habe nie vergessen, daß ich fast gestorben wäre, als ich sieben war und nach einer Narkose allergisch mit Untertemperatur reagierte. Als ich dreißig war, wurde eine Hepatitis irrtümlich als Leberkrebs diagnostiziert, und man sagte mir, ich hätte noch sechs Wochen zu leben. Die Empfindungen in all diesen Situationen glichen einander nicht sehr, gleich war und ist jedoch das Gefühl, gefährlich krank, ausgelaugt und wirklich dem Tod nahe zu sein.

Ich habe mich gelegentlich gefragt, ob mein Widerstand gegen die Furcht vor dem Tod nicht Trägheit und zu geringe mentale Wachsamkeit sei, die feige Unfähigkeit, mir einzugestehen, daß Entsetzliches nun einmal entsetzlich ist, daß es unerträglich ist zu sterben. Doch dieser Widerstand fühlt sich wie eine lebenspendende Aufsässigkeit an, wie ein Erblühen. Nicht wie Todesliebe, doch vielleicht wie Gottesliebe. Ich würde nicht gehängt werden wollen, und es würde mich seelisch umbringen, müßte ich Henker sein, aber ich habe immer gehofft, daß ich, sollte man mich hängen, amüsiert und überlegen wäre, irgendwie dazu imstande, es zu genießen, während ich stürbe – vielleicht ist dies eine Vorstellung von menschlicher Souveränität, wie sie eine Waise hegt, in der vieles beschädigt und abgetötet wurde; vielleicht ist es nur eine Phantasie von Souveränität, die Normaleres – Entsetzen und den Sinn für die Ungerechtigkeit des Schicksals – überlagert. Ein *gefährlicher* Wesenszug, gewiß. Ich bin nicht vernünftig… Zu allen Zeiten habe ich Narkosen und Operationen mehr gefürchtet als den Tod. Ich habe Momente von Panik, von abgründiger Angst erlebt. Ich war eher froh über diese Erfahrungen. Die Belastung aber war furchtbar. Meine Angstgefühle hatten zumeist etwas Diffuses, und ich neigte dazu, sie als unwesentlich zu verachten. Ich fürchte mich vor Feigheit und vor dem Versagen unter Folter mehr als vor dem Tod. Ich weiß, wie verwundbar ich bin und wie nah dem Punkt, wo ich zerspringe. Doch gleich daneben gibt es eine beträchtliche Nervenstärke – meinen leiblichen Eltern und Großeltern wurde nachgesagt, sie seien wahnsinnig tapfer gewesen, von arroganter Kaltblütigkeit in ihrer Courage und dem, was sie ihnen zu tun erlaubte. Alle hatten sie eine starke Neigung zum Heroischen. Meine Mutter ist Ende der zwanziger Jahre, vor meiner Geburt, allein aus der Umgebung von Leningrad nach Illinois gereist, eine Reise, die für jemanden aus ihrer sozialen Schicht fast zwei Monate dauerte. Im Jahr zuvor war ihr älterer Bruder verschwunden, vielleicht ermordet worden.

Auf eine Wette hin besiegte mein Vater eines Abends ein Dutzend Männer hintereinander mit den Fäusten und soll es danach sämtlichen Frauen unter dreißig, die sich um ihn drängten, besorgt haben. Bei einer anderen, besser bezeugten Gelegenheit forderte er zusammen mit zwei anderen Männern in St. Louis einen Trupp marschierender Nazis aus der Gegend heraus, fünfundzwanzig oder dreißig Mann, und siegte.

Unter anderem ging mir, als ich erfuhr, daß ich Aids habe, auf einmal auf, daß ich nun von meinem Familienerbe tödlicher Krankheiten abgeschnitten bin – von den Schlaganfällen, dem Bluthochdruck, den Karzinomen und Tumoren meiner Vorfahren. Mein medizinisches Schicksal, stellte sich heraus, ist ein ganz anderes.

Ein weiteres Mal fühlte ich mich ein wenig verwaist und sonderbar; seltsamerweise jedoch auch so, als wäre ich zu einem Fest geladen, ja fast entführt worden, zu einer düsteren, aber nicht völlig erbarmungslosen Feier der ernstlich Leidenden, die doch zugleich Krieg gegen die Gleichgültigkeit der Gesellschaft, gegen Haß und Vorurteile führen. Mir schien, ich sei von zahllosen Tapferen umgeben, ich sei in eine Phalanx der noch als Sterbende wild Lebendigen aufgenommen worden, und ich empfand es als Ehre, daß ich gleichsam in Gesellschaft solcher Menschen sterben würde.

Was wird mit uns geschehen? Ist der Tod denn etwas anderes als Stille und Nichtsein? Nach meinen flüchtigen Erfahrungen mit ihm ist er jene Drehscheibe des Akzeptierens, Entwirrens und Verschwindens am Boden des Schachts von Wiedergänger-Erinnerungen, solcher an Geister und an Lebende, der Schlucht wichtiger Reminiszenzen, die spießrutenlaufend zu passieren man gezwungen ist, um sich dem Ende seines Bewußtseins zu nähern. Der Tod selbst ist sanft, sanft strahlend, unermeßlich dunkel. Das Ich verdichtet sich im Prozeß der Verwandlung, es scheint, als ginge Licht von ihm aus und als begegne es mit – nicht ganz ausreichender – Furchtlosigkeit jenem Ungeheuerlichen, dem Ende der Individualität, der Absorbierung in den Tanz der Partikel, der Unhörbarkeit. Als Lebender ist man einer Verwandlung nach der anderen unterworfen – oft sind es Kakerlakenzustände mit eingesprenkelten Momenten der Passivität, mit realen Todesahnungen –, doch jene Verwandlungen vollziehen sich kontinuierlich und sind miteinander verkettet. Diese eine Verwandlung aber führt zu Stillstand, filtert die Identität mit ihren Geschichten heraus, bricht das Ich weg oder zieht es ab, läßt es rein in Wirkung und Erinnerung übergehen, weit ausgebreitet, nicht prall komprimiert, sondern unter Mikrobewegungen verstreut und gleichsam vehementer verweht als im Leben. So jedenfalls stelle ich es mir, unterwegs dorthin, vor.

Nie hatte Aids zu den Dingen gezählt, die wir ernsthaft fürchteten; zu meinen geheimen Ängsten gehörte Aids nicht. Von dem, was sich ereignet hat, bin ich so verunsichert, daß ich dazu neige, mich zu erinnern wie ein Verrückter oder wie jemand, der gefoltert wird. Ich habe meine Gedächtnisdisziplin weitgehend eingebüßt, doch ich erinnere mich an die Dinge, die mir als bedeutsam hätten erscheinen müssen, als sie sich ereigneten. Ellen und ich waren in Berlin, anschließend in Venedig, wir trafen mit Verlagsleuten und Übersetzern zusammen, und einige Leute – alle eigentlich – sagten, ich sei zu dünn. Ellen begann, sich Sorgen zu machen, als auf meiner rechten Wange eine bräunlich-schwarze Delle erschien, ich jedoch nahm an, das hinge mit der makrobiotischen Diät zusammen, die ich einzuhalten versuchte. Es hat etwas Poetisches, daß ich erst in Berlin, dann in Venedig als bedeutender Schriftsteller erkannt und anerkannt wurde, während ich auf mir unverständliche Weise dahinsiechte; für mich repräsentiert dies die dunkle Schönheit vollständigen Scheiterns. Ich glaube auch, daß ich in dem Moment, als Barry mir die Nachricht eröffnete, irgendwo im Kopf bereits eine literarische Ahnung hatte, daß Tod, daß Selbstmord der angemessene Ausgang sei. Ich hatte innerhalb eines Jahres einen Roman geschrieben, einen Roman, der mir gefiel, auf den ich stolz war; daß die Anstrengung mich umbringen konnte, hatte ich erwartet. Ich neigte zu eigenartigen Anfällen von Erschöpfung und fühlte mich auf Flügen wacklig, doch davon abgesehen strapazierte es mich weit über meine Kräfte, wie unterschiedlich ich in den verschiedenen Ländern angesehen war und behandelt wurde – großer Künstler hier, Narr dort, erstrangiger Autor, zweitrangiger Hochstapler, Bösewicht, Virtuose, Knallkopf, Held.

Das Leben ist etwas Grauenhaftes. Es ist ja ganz okay, aber es zermürbt einen. Feinde und Diebe treiben ihr Unwesen weiter, während Sie schwächer werden. Die Niederträchtigen gedeihen sogar dann noch in ihrer Skrupellosigkeit. Wenn Sie krank sind, brauchen Sie unbedingt einen guten Anwalt. Wenn Sie ein Todesurteil erhalten, ist darin inbegriffen, daß die Frontlinie verschoben wurde. In manchen Fällen – das hängt von Ihren Umständen ab – müssen Sie das Feld räumen und sich verkrümeln. Sie sind schwach. Der Tod ist dem täglichen Rückzug vorzuziehen.

Sicher ist dies manchen Leuten auf der Straße, die mich mild anlächeln, wenn ich langsam vorübergehe, oder den Röntgenassistentinnen, die mich «Schätzchen» oder «Herzchen» nennen, sehr bewußt. Eine Frau, die ich kannte und die vor ein paar Jahren starb, sprach von dem Mitgefühl für Schwäche, dem nicht zu entkommen sei. Sie konnte es nicht ausstehen. Ich möchte nicht mit jedem über mein Sterben reden, und auch nicht immer wieder von neuem. Besteht meine Haltung am Ende nur aus Eitelkeit, nur aus noch mehr Eitelkeit? In gewissem Sinne stehle ich mir jeden Tag, aber ich stehle ihn mir, indem ich mich nicht darum bemühe. Er ist einfach da, mit Sonnenschein oder Regen, Abenddämmerung oder Morgengrauen. Noch immer lebe ich wenigstens eine Art von Leben, und weder möchte ich jetzt auf ein Abbild reduziert werden noch für mich das Gefühl haben, ich widmete meine Zeit nur meinem Sterben, statt die Zeit, die mir noch bleibt, einigermaßen befriedigend zu durchleben.

Wenn man sich als Schriftsteller darauf trainiert, auf diese Dinge – auf diese Verwundbarkeit, wenn Gleichgewicht und Abwehrkräfte dahin sind, so daß man für Viren und ihr schockierend erregtes Treiben empfänglich ist – zu achten, dann wird es fast zur Gewohnheit, sich diesem Kram zu stellen. An realem Material wird es einem nicht fehlen, und ergeben wird es sich aus diesen dichten, für einen so neuen Erinnerungen daran, daß Medizin und Natur einen gewaltsam an den Rand des Lebens stoßen.

Die Menschen reden so gern darüber, was *wirklich passiert ist...* Eine *Übereinkunft* unter Leuten meiner Sorte in New York besagt, daß man alles über das Leben der anderen erfahren kann. Man sammelt ein paar Hinweise, sichtet sie gewitzt, und man weiß *alles.* Schließlich ist dies eine Stadt, die Geheimnisse nicht anerkennt, die zum Ausspionieren, Abluchsen oder Entlarven entschlossen ist. Ich finde das Gerede von New York grauenhaft, die persönlichen Schlußfolgerungen dumm, die Idealisierung sowie Dämonisierung der Erfahrungen anderer hassenswert und verachtenswürdig. Und dieser Bilanzwahn, die Urteile, die gefällt werden, als wüßte man alles, die Lügen, der Betrug, das endlose mündliche Räubertum, dem Juden und Nichtjuden gleichermaßen frönen, der eiskalte Ehrgeiz – das alles, ich wiederhole es, ist unerträglich.

Allerdings haben wir in dieser Stadt wirklich fähige, kompetente Leute, die, wenn sie in der Welt aufsteigen, ein immer komplizierteres berufliches Leben führen. Logischerweise frißt sie das auf, und der monströse Rest, der von ihnen bleibt, hat jedes Gefühl hinter sich gelassen, ist aber von Gier, von panischem und panikerregendem Verlangen danach erfüllt und zugleich dafür völlig ungeeignet. Dieser monströse Rest ist über Freundschaft, über alles erhaben. (Durchaus fähig ist er zu wahrhaft wundervoller, wenn auch kannibalischer Geselligkeit.)

Ich habe Vorträge zu diesem Thema über mich ergehen lassen, mir sagen lassen, ich hätte unrecht, wenn ich ausspreche, was für ein Abschaum sie sind, welch ein Abschaum wir sind, zu welch schleichendem Wahnsinn unser Leben als Erwachsene wird. Das eben Ausgesprochene hat fast jeder in New York mir gegenüber bestritten. Aber sicherlich wissen sie, daß es so ist.

Ich bin nun frei von Scheu. Ganz unhysterisch kann ich die analen Spielereien beschreiben, die wahrscheinlich zur Übertragung des Virus geführt haben und zu meinem Tod führen werden: In der Tat bin ich mit Männern ins Bett gegangen, mit namenlosen, nicht berühmten Männern, die nichts von mir fordern konnten, mir nichts vorwerfen konnten, keine Enthüllung von mir erwarten konnten. Ich könnte eine Liste der Männer, die ich gehabt habe, liefern (oder eine Liste der Frauen, die ich gehabt habe). Die eigentliche Wahrheit jedoch lautet, daß Sex in diesem Land noch nicht als Lebenstatsache betrachtet wird.

Die Künste haben im 20. Jahrhundert realen Sex und reale Liebe nicht so dargestellt, wie beide im Leben, an konkreten Tagen, über reale Zeitspannen hinweg, sind; haben sie vielmehr umgemünzt in – nun, in sozialistische Seligkeit oder in das Paradies, bevor der Alptraum einschlägt, oder aber in etwas, das nicht existiert (wie es Joyce und Beckett taten, die sexuellen und doch geschlechtslosen Iren), oder in eine Obsession, die Opfer fordert (so bei Freud und Proust), in eine heiße Idylle oder in wer weiß was alles. Hemingway wurde von sexueller Panik beherrscht und war doch so populär! Die größten Darstellungen von Asexualität in der gehobenen Kunst hat für mich Balanchine geschaffen, weil er so physisch Wut, Sehnsucht und die Versuche, der Einsamkeit zu entkommen, einfing und ästhetisierte. Und dann ist da T. S. Eliots Asexualität – man sollte nicht vergessen, daß D. H. Lawrence aus England vertrieben wurde, während man den dürren Eliot zum Idol erhob. Und vielleicht zu

Recht. Schließlich ist Sex nicht weise: Sehen Sie sich nur mich an. Wie töricht die sexuelle Liebe ihrer Natur nach ist, hat man stets unmittelbar vor Augen. Bürgerpflichten, Ehrgeiz, sogar die persönliche Freiheit sprechen dagegen. Man schätzt den Drang, hygienische Verhältnisse zu erhalten, Kontrolle auszuüben; den Bezugsrahmen der Bestrafung und die Leugnung sexueller Authentizität. (Man denke zum Beispiel an den Sänger Jon Vickers: Er hat beim Publikum in amerikanischen Sälen mehr peinliche Gefühle geweckt als Frank Sinatra jemals. Er machte seine Zuhörer so verlegen, wie es Billie Holiday einst in den Nachtclubs tat – und deren Einfluß wurde gelegentlich als *unheilvoll* bezeichnet.)

Da eine solche Authentizität jedoch so rar ist, wird in einer großen, konkurrenzwütigen Stadt voller Leute, die gewitzte Nachahmer sind, lernbegierige Beobachter im Grunde (mehr oder weniger eifrige Affen), ständig etwas fabriziert, was man als schmerzhaft nervenaufreibende Sorte von vorgetäuschtem Sex bezeichnen kann. Vorgetäuschter Sex macht New York zu einem erheblichen Teil aus. Das Aufbegehren der Menschen äußert sich hier als eifersüchtige Promiskuität – als rastlose Eifersucht auf das für möglich gehaltene Glück anderer. Wir haben hier die Institutionalisierung von sexuellem Terror und sexuellem Neid, und damit leben wir.

Was mich angeht, so möchte ich dickköpfig behaupten, daß ich niemals von irgend jemandem als schwul akzeptiert worden bin, nicht einmal von einem Mann, der mit mir zusammenlebte und behauptete, mein Liebhaber zu sein. Allerdings fand ich damals, daß für mich anständige Beziehungen zu Frauen unmöglich waren: die Frauen waren verdorben durch die Erwartungen, die sie in sich setzten, durch ihre Vorstellungen von Weiblichkeit, durch ihre Schuldgefühle. Und ich sah keine für mich akzeptable männliche Rolle, die ich spielen konnte. Gegen Ende meiner Erfahrungen mit Homosexualität, bevor ich Ellen kennenlernte, widerfuhr mir, daß man mich auf ungeheuerliche Weise in die Rolle nackter, dominanter, verhaßter und angehimmelter Maskulinität verbannte.

Ich bin niemals schön gewesen. Doch bevor ich fünfzig war, habe ich in privater Umgebung fast nie Kleider getragen. Meine Nacktheit hatte alle möglichen Bedeutungen, darunter diejenige, die ein recht guter Körper für einen eitlen Mann besitzt, der nicht genügend Geld hat, um sich gute Kleidung zu kaufen. Und die Bedeutung, daß ein Körper den verlorenen Kopf ausgleichen soll. Aufgehört, mich für meinen Körper zu interessieren, habe ich vor ungefähr fünf Jahren, als ich *Nahezu klassische Stories* veröffentlicht hatte – so säuberlich lief das ab. Jetzt habe ich zu meinem eigenen Leib die sonderbarste Beziehung, die man sich nur vorstellen kann; mein Körper gleicht für mich einem verkrüppelten Kaninchen, das ich nicht streicheln mag, das ich vergesse, rechtzeitig zu füttern, mit dem zu spielen und das kennenzulernen mir die Zeit fehlt, ein nutzloses Kaninchen in einem Käfig, das freizulassen grausam wäre. Es kennt kein Gebet, mit dem es um sein Überleben bitten könnte. Oder um die Chance eines leichten Todes. Es ist nicht mehr als eine zur Hälfte gefressene Beute. Wie eine erbeutete Schlange, ein erbeutetes Kaninchen in einem ornithologischen Band von Audubon.

Ich kenne jedoch Menschen, verkrüppelte wie unverkrüppelte, die ihr ganzes Leben lang so empfunden haben. Ich beklage mich also jetzt nicht. Es amüsiert mich sogar ein wenig, welche Ironie doch darin läge, würde ich mich beklagen. Ich sage nur, daß ich ein Vorurteil gegen Nacktheit in gedruckten Lettern habe – gegen die Leibwerdung in Schwarzweiß.

Wie zu erwarten, herrscht unter der Schicht meiner sentimentalen und starrsinnigen Einstellungen – nicht stetig, jedoch auch nicht unstet – eine recht heftige Wut und ein immenses, wahrhaft umfassendes Entsetzen, das in Verachtung für euch, für das Leben und für alles verankert ist. Ich bin davon überzeugt, daß die Welt stirbt, nicht nur ich. Und Phantasien werden keinen retten. Die tödliche Unwirklichkeit von Utopia, die Vermarktung von Utopia ist böse, wirklich *tödlich*.

Was unsere physischen Kräfte anging, tauschten Ellen und ich nun die Plätze. Ich wollte das gutmütig hinnehmen. In jenem Leben, das ich einst unser reguläres nannte, bestand zwischen uns wie zum Trotz – wegen des Größenunterschiedes (sie ist fast dreißig Zentimeter kleiner und wiegt wenigstens fünfundzwanzig Kilogramm weniger als ich) – eine physische Nähe, in der chiffriert allerlei an Spott und Abwehr mitspielte; all dies war in gespenstisch-ironischer, bleich-wehmütiger Form noch immer da. Ellen pflegte mich so sensibel und taktvoll, daß sich darin eine bestürzende Achtung vor dem an Kraft äußerte, was mir *geblieben* war. (Dies erschuf mich manchmal von neuem, zum Beispiel, wenn ich mit Schmerzen aus einem kurzen Schlaf erwachte.)

Sie verfolgte das Schwinden meiner Kraft nicht weinerlich, sondern beobachtete ihr Verebben mit Zärtlichkeit. Um aufrichtig zu sein, wie ein Geist in rauher Atmosphäre erhielt sich eine quasisexuelle Intimität.

Ich verstand dies, jedoch nicht vollständig. Das Muster bestand darin, daß nur wir beide uns in einem Raum befanden, und mit ihrer gewohnten Verachtung für Normalität zelebrierte Ellen irgendwie feierlich ein Todes-Flitterwochen-Ritual, ein wenig wie eine japanische Zeremonie. Die Auslöschung war nichts als ein Haufen Scheiße irgendwo im Abseits: wen kümmerte schon der Scheiß-Tod? Alles, worauf es ankam, enthielt diese stolze und zutiefst ernste Zeremonie. Es war eine Art von Arroganz dem Tod gegenüber.

Eine geläufige Redensart amerikanischer Männer ist «This fucking intimacy», diese «Bumsnähe». (Damit kann eine gewisse Ungeduld ebenso gemeint sein wie das sexuell Ausgesagte – je nachdem, in welchem Ton man es sagt und ob man dazu lächelt.) Bei Ellen kam dies zum Ausdruck, indem sie meine Stimmungen mit zärtlichem Erbarmen nachvollzog und mir so wieder Fassung verlieh. In jenem schmalen Krankenhauszimmer fungierte sie als Gastgeberin meiner Mütter, der Geister oder Gespenster meiner Mütter, und der viertausendjährigen Kette von Vätern, von nicht umzubringenden jüdischen Männern, steifnackig und eingebildet; sodann all der toten und sterbenden literarischen Gestalten und all der Figuren, die in den von mir am meisten bewunderten Büchern sterben (Sterbeszenen in Filmen kann ich nicht ertragen) – Fürst Andrej, Hadji Murad und die Großmutter des Erzählers bei Proust –, sowie all der verwitweten Frauen bis zu Andromache und Hekuba zurück. Und Ellen schuf Raum für die Krankenschwestern und Schwesternhelferinnen, für die Assistenz- und Stationsärzte und für Barry. Noch niemals zuvor war ich Zeuge von so intensiver, so subtiler Verführung: nicht einmal andeutungsweise vermag ich zu beschreiben, welch stumme Verheißungen, welch geheimen Segen sie ihnen verhieß – ihnen allen, auch den Geistern. Und dem Tod, der über mir stand und jenen Schlamm aufrührte, der, während die widerwärtige Lungenentzündung wütete, einfach keinen festen Grund bilden wollte.

Kraft Ellens Willen überlebte ich während dieser Tage von einem Moment zum anderen: sie lieh mir ihre Beweglichkeit und Geschmeidigkeit, stellte mir die segensreiche Tiefe ihres weiblichen Ichs zur Verfügung. So war es jedenfalls, solange sie wach war und ihre Kraft standhielt. Zugleich fühlte ich mich, wenn Ellen wach war, ein wenig um die Einsamkeit der Sterblichen betrogen, die ich am Ende, das ich für gekommen hielt, erwartete.

Unsere reguläre Lebensweise, unser einst gewohntes Leben als Paar, war in verknappter Form in einem Krankenhauszimmer reproduziert worden: Blumen, Früchte, eine Zeitung, Austausch von Spitzfindigkeiten, eine gewisse Absonderung, die Gewohnheit, Urteile zu fällen – alles wie üblich, sogar an der Schwelle zum Tod, in Gegenwart des Todes. Und doch war dies ein Krankenhauszimmer, und ich lag im Sterben und hatte nicht viele intime Gefühle. In dieser ehelichen Szene stand der Mann bis zum Hals unter dem Einfluß von Prednisone, einem Steroid, das körperliche Schmerzen und Depressionen abblockt, indem es eine ganz eigene, seltsame Vorstufe von Verrücktheit erzeugt. Ich bewies einen ziemlich unsympathischen, klarsichtigen Humor, einen angewiderten Sinn für Komik; ich war in einem absonderlichen Zustand. Und die Frau in der Szene war übersanft, krankenstubensanft, verschreckt und stur hoffnungsvoll – sie war nicht wie sonst. In dieser wohlgemeinten Parodie-Karikatur unseres früheren Lebens fürchtete sie sich vor Trübsal. Wenn ich für einen Moment Kummer verspürte, steckte ich sie sofort an – nun ja, das Zimmer war sehr klein.

Wir hielten uns etwa bei der Hand, und ich sagte: «Oh, Scheiße», oder: «Das ist doch wirklich beschissen», und wir weinten ein bißchen. Dieses Maß an Poesie kam mir ausreichend vor. Dann sagte ich vielleicht: «Wen kümmert's schon?», oder: «Ich mag diese Gefühlsduselei nicht. Hören wir doch damit auf.»

Ebenso einschneidend waren die zarten Augenblicke, wenn Ellen mich badete, umdrehte – Ellen mit ihrem Gewicht von kaum vierundvierzig Kilo – oder die Bettwäsche wechselte. Oder mir zur Toilette half. Ich brauchte Ellen zur Stütze und den rollbaren Infusionsständer zur Stabilisierung. Ich war fest entschlossen, sie mit meinen Exkrementen zu verschonen. Mein Kopf baumelte umher. Meine Beine gaben nach.

Ich hatte keine Kraft, aber es stimmt schon, daß Willenskraft eine Menge vermag. Zwar kann sie Aids weder aufhalten noch heilen, aber sie kann über Tod und Schwäche höhnen: manchmal vermag sie das. Unsere Bettgespräche, unsere Toilettengespräche mußten alles Rührende meiden; für Rührseligkeit hatte ich keine Kraft. Ellen zuliebe gab ich an. Ich rede über Geschäftliches und über Geld, über die Informationen, die ich dem Arzt abgeluchst hatte.

Doch Ellen war diejenige, die Hoffnung hatte. Sie war diejenige mit dem Sinn für Dramatik. Sie war es, die, als man ihr mitteilte, sie sei HIV-negativ, mit – nun, mit einer gewissen Unwahrhaftigkeit ausrief: «Oh, aber ich will nicht sauber davonkommen! Ich will es auch haben.»

Eine emotionale Äußerung. Eine Spur ehelich-verlogen, ehelich-manipulativ. Dabei jedoch immerhin so wahrhaftig, daß Ellen, falls ich beschließen sollte, mich umzubringen, noch immer dazu entschlossen war, sich ebenfalls umzubringen. Sagte sie.

Sie wolle an dem sterben, woran ich sterben würde.

«Das ist Blödsinn, *honey*. Ich will das nicht. Schlag's dir einfach aus dem Kopf, ja?»

Aufgrund meiner Ideen und Überzeugungen bin ich eigentümlich gut auf Katastrophen eingerichtet; ich bin es gewohnt, mich mitten in einer Katastrophe neu zusammenzufügen. Und immer wieder stützen mich meine Ideen, meine Sprache angesichts heillosen Grauens. Vielleicht gleiche ich einer Schabe – wegen Aids, wegen meiner Eitelkeit, wegen einer Feigheit, die weitaus größer ist als die von Kafkas Samsa.

So ist Ellen nicht. Sie besitzt eine Identität, eine der wahren Art, die etwas mit guter Familie zu tun hat. (Sie hat zwei Romane geschrieben, die dies beide illustrieren.) Eine ganze Reihe von Leuten, ich eingeschlossen, ist ihr zugetan. Ihre Kinder sind niemals allein auf der Welt, und manchmal stört sie das. Schlechten Nachrichten gegenüber ist sie gutgläubig auf eine rebellisch-heiligenhafte Art und Weise, die mich leicht irritiert. Ihr Rebellentum durchzieht ihr gesamtes Dasein – es richtet sich gegen Gott und den Tod, gegen die Gesellschaft, gegen die Männer. Wie sie dies mit der Artigkeit vereinbaren kann, die sie unermüdlich an den Tag legt, ist mir unbegreiflich. Frauen, die so wie sie empfinden, haben so wenig geschrieben (oder zumindest veröffentlicht), daß sie als Frau ihre eigene Prophetin sein mußte. Ihr Gesetzeskodex liegt nicht formuliert vor. Man kann ihre Emotionen ganz leicht einordnen, sie jedoch nicht definieren. Nie und nimmer kann man sie von ihr fordern. Oder Ellen auch nur mit Tricks dazu bringen, Emotionen an den Tag zu legen. Von manchen Menschen läßt sie sich Tricks gefallen, wirkt dann jedoch spröde und gelangweilt. Ich erkläre ihr, daß wir Feiglinge und Künstler sind, daß wir auf der Flucht sind, daß wir furchtbare Menschen sind und dies sein müssen, um unser Werk schaffen zu können. Wenn ich so spreche, ignoriert sie mich. Sie glaubt und glaubt zugleich nicht an das, was ich sage und woran ich glaube. «Ich kann so nicht leben», sagt sie nur. Ich meine, ich kann mir (oft) schon vorstellen, in welchem Grade es für sie *freiwilliger Wehrdienst* ist, mit mir zusammenzusein.

Mir sind bestimmte Formen von Demut eigen, aber ich bin arrogant. Ich bin semiberühmt; ich sehe nur, was ich sehe. Ich prüfe alles, was mir vorgelegt wird – wie ein Juwelier. Ich bin ein Jude aus dem Mittelwesten, ganz anders als ein New Yorker Jude. Ich bin so arrogant, daß ich nur dann eine Formulierung glaube, wenn sie nach Inspiration riecht oder so erhebend wirkt. Nie habe ich, seit meiner Kindheit, wirklich erwartet, daß mich jemand tröstet.

Ich habe von meinem leiblichen Vater, von meiner leiblichen Mutter und deren Vater beträchtliche körperliche Kräfte geerbt. Einmal, als Siebenjähriger, wäre ich fast gestorben, an einer allergischen Reaktion auf ein Narkosemittel, eines der Äther-Derivate, die man damals verwendete. (Ich hatte eine Halluzination, in der meine leibliche Mutter wiederkehrte, und ich fand das unerträglich.) Ich geriet in einen Krampfzustand, und nach den meßbaren Werten und dem, was die Apparaturen anzeigten, starb ich: mein Herz blieb stehen, meine Atmung setzte aus. Ein paar junge Ärzte und Krankenschwestern sowie eine alte Krankenschwester retteten mich. Ich kann mich daran erinnern, wie geschäftig sie alle waren, sogar an den Geruch nach Nervosität, der von ihnen ausging. Ich war mehr oder minder regelrecht tot gewesen, doch am Abend jenes Tages schaffte ich es, aufzustehen und bis zur Mitte des Krankenhauszimmers zu gehen. Mein Adoptivvater nannte mich eine Zeitlang Rasputin: «Nichts kann dich umbringen.»

Ob krank oder gesund, mein Leben lang hatte ich immer genügend Kraft, um zu tun, was ich mir einmal vorgenommen hatte. Diesmal jedoch nicht. Mit diesen Kräften war es vorbei. Ich weiß, wie meine Eltern sich gefühlt haben, als ihre Kräfte versagten. Es ist ein extrem aufreizender Zustand. Bestimmte melodramatische Sprüche kommen einem in den Sinn: «Bringt mich um, und damit Schluß.» Das sagten sie beide. Ein-, zweimal habe ich es auch gesagt, aber mit mehr Ironie. Ich sparte eine Weile meine Kräfte, dann warf ich mich – gallig, wie ein Wurm im Schlamm – in so einen Spruch: «Dieses verdammte Krankenhausbett ist so unbequem, daß ihr mich auch gleich *umbringen könnt, und damit Schluß.*»

Intellektuell war ich mir der Todesdrohung bewußt, als eines sensorischen, physischen Faktums von ziemlich furchtbarer Gewißheit, jedoch nur dem Wortlaut nach. Die Seele, will ich damit sagen, sah schwächlich zu, betrachtete meinen Zustand als einen trivialen Scherz wie eine Zeitungsschlagzeile: «HAROLD VOM TOD BEDROHT», oder: «DIESMAL ERWISCHT ES HAROLD», oder: «HAROLD LERNT ERDE FRESSEN». Darunter, nicht ganz so groß gedruckt: «*Widerlich hier, sagt Ex-Amateursportler.*» Dann die Kurzmeldung: «Die Statistik sieht finster aus», und: «Heimtückische Lungenentzündung wirft *New Yorker*-Autor um.»

Während meiner Kindheit waren meine Adoptiveltern die längste Zeit krank, und ich nahm die unversöhnbare Kluft wahr, die Menschen und Ereignisse in der Welt der Aktivität von Menschen und Ereignissen unter dem Einfluß der medizinischen Realität trennt – die quälenden und zerstörerischen Medikamente, die chirurgischen Eingriffe oder Bestrahlungen mit gleicher Wirkung. Mein Adoptivvater Joe Brodkey hatte gewütet und getrauert. Mein leiblicher Vater war erstickt – er litt unter etwas, das man mir als seniles Asthma beschrieben hat: das Asthma raubte seinem Herz die Nahrung, und sein Herz versagte. Dennoch wütete und fluchte er, wie auch meine Adoptivmutter Doris, die Krebs hatte und allen Menschen ihrer Umgebung erklärte, *sie gingen ihr auf die Nerven*. Ich war auf die Reizbarkeit, sogar auf den Wahnsinn vorbereitet, die mit dem Patientsein einhergehen können, doch nichts von all dem widerfuhr mir, von der Atemnot abgesehen. Ich empfand überhaupt nicht viel – an kommentierenden Empfindungen, meine ich. Es war mir eine Erleichterung, die Krankheit maskenlos, den Tod offen gegenwärtig zu wissen. Es war eine Erleichterung, von den Plagen, von dem Podest der mir zugeschriebenen Größe fortzukommen, von Ablehnung und Attacken, und von meinem eigenen Lebensgefühl, meiner Wahrnehmung der irdischen und der literarischen Wirklichkeit – von allem. In den letzten paar Jahren hatte mein geistiger und physischer Abscheu vor den literarischen Imperialisten und Meisterfalschmünzern einen solchen Grad erreicht, daß ihn zu verbergen und zu beherrschen ein wenig so war, als hätte ich Geschwüre, die jedesmal verschwanden, wenn ich mich in der Natur weit draußen vor New York oder in Europa aufhielt. Die Unzulänglichkeit der Arbeit dieser Leute und der furchtbaren Produkte, die sie förderten; wie sie im Wechsel Abscheu und Mitleid in mir weckten – ich hatte es satt. Wahrhaftig, ich empfand es deutlich als Erleichterung, außerhalb ihrer Reichweite zu sein und zu einer Erfahrung anderer Art vorzudringen, selbst wenn sie final war. Es war eine Erleichterung, nicht mehr theoretisch für die Zukunft verantwortlich zu sein und den Spielen um Überlegenheit und Unterlegenheit zu entkommen.

Und doch konnte ich nicht schlafen; unter Prednisone konnte ich nur in eine flache Bewußtlosigkeit hinüberdämmern, und vielleicht aus Furcht konnte ich tags besser dösen als nachts. Ich glaube an den Schlaf. Wenn ich früher krank oder auch nur traurig war, schlief ich mich gesund.

Wenn Ellen schlief, war ich darauf gefaßt, sozusagen meinem Schmerz, meiner menschlichen Verlassenheit zu begegnen. Wenn ich eindöste, war ich auf Gespenster und

Alpträume gefaßt. Aber sie stellten sich nicht ein. Jedesmal, wenn ich aus einem solchen Krankenhaus-Dämmerschlaf erwachte, lag ich reglos in angestrengt horizontaler Position da; ich hatte durch meine Haltung Lunge und Herz ebenso geschützt wie wenn ich wach war. Beim Aufwachen war mir bewußt, daß ich geträumt hatte, und es gab einen winzigen Moment des Zögerns, bevor feststand, daß ich mich an meine Träume nicht erinnern würde, daß es darin um den Tod gegangen war und daß mein waches Ich mir keine Fragmente davon wiedergeben würde. Aber ich wußte, es waren sanfte Träume gewesen. Ich erwachte, ohne mich irgendwie verwirrt zu fragen, wer ich sei, wo ich mich befände oder was mit mir geschehen sei. Nicht ein einziges Mal bildete ich mir ein, ich wäre gesund – oder außer Gefahr. Ich erwachte in einem mentalen Nebenraum, als wäre ich ein Olympialäufer in den Disziplinen Krankheit und Sterben, einer, der dieses Mal verlieren würde, der hierfür jedoch sein ganzes Leben über immer wieder trainiert hatte. Also war ich bereit, sobald ich erwachte, das Spiel des Tages zu absolvieren.

Gott als Begriff für alles, was an Wirklichkeit besteht – das Universum, alle Universen –, Gott als ein Begriff, den meine Seele verwendet, scheint anzudeuten, daß er das Präsens liebt, mehr sogar noch, als es das Bewußtsein tut. (Ich neige dazu, von Gott in der männlichen Form zu sprechen, jedoch ohne ihn mir als besonders männlich vorzustellen.) Unser Gefühl von Gegenwärtigkeit bewegt sich gewöhnlich in Wellen voran, von denen wir geistig abgeworfen werden; wir schweifen ab. Gewöhnlich tauchen wir wieder auf, reiten weiter auf der Welle und stürzen ab, immer von neuem, und im Absturz sind wir egozentrisch wir selbst, sehen

Dinge und erkennen sie. Die aktuelle Wirklichkeit mag zur Gegenwart gehören, doch was uns ausmacht, ist dieses Abfallen und Wiederkehren. Dafür aber war ich zu müde; kein Argument, nicht einmal die vollständige mathematische Logik vermochte die Dominanz des Gegenwärtigen zu umgehen oder zu modifizieren. Dieses Mal, in diesen Momenten, hatte ich nichts, wohin ich stürzen konnte. Alles war Gegenwart.

Die Aufmerksamkeit der Mediziner und die Schrecken des Todes, des mächtigen Todes, fand ich im stillen amüsant. Amüsant? Nun ja, wie soll man es denn sonst finden, wenn von einem erwartet wird, daß man gegen eine oft tödlich verlaufende Form von Lungenentzündung ankämpft, obwohl man bereits zum Tode verurteilt worden ist? Man ist ein Fressen für den Tod. Ich wüßte nicht, wie man da in irgendeinem üblichen Sinn mitarbeiten könnte. Man ist Infanterist, man ist Kanonenfutter. Diverse Körperfunktionen sind permanent gefährdet. Angeödet hält man durch. Man lebt mit den Gezeiten der Medikamente, ihrem fließenden Ein und Aus. Man unternimmt einen Versuch, als Person in der Welt weiterzubestehen. Man lächelt Barry zu. Man lächelt Ellen zu. Man liegt ganz still. Aber es gibt da auch noch dieses groteske Ding, den Patienten, den Verrückten, den zuckenden Leib; die Verbindung zur normalen Welt ist unterbrochen, aber nicht komplett. Und das Ganze hat etwas von einer Karikatur: Die Flüche, die Menschen einem nachgeschleudert haben, sind wahr geworden. Was sollte ich da Ihrer Meinung nach tun? Etwa nicht amüsiert sein?

Und Barry wollte mich in dem Sinn amüsieren, daß er mir einen Stoß geben, einen Energieschub versetzen, Schwung verleihen wollte. Wenn er hereingerauscht kam, war es, als lasse er uns in dem kleinen Raum geistig wie Billardkugeln von Wand zu Wand prallen. Manchmal war ich erschöpft und vielleicht auch deprimiert, verbarg es aber fast leidenschaftlich mittels sachlich-medizinischer Handgriffe, hinter Umsicht. Gegen eine noch nicht vollständig verstandene Krankheit setzte er die klinische Erfahrung und Analogschlüsse ein. Wirklich, ich war dankbar dafür, daß er sich überhaupt die Mühe machte. Sein Respekt vor meinem Leben grenzte schon ans Idiotische. Er konnte ja nicht siegen. Buchstäblich leuchtend, verordnete und analysierte er und stahl für mich hier einen Monat, dort vielleicht zwei Jahre. Ständig behielt er die Wirkung der Medikamente und mein Gesicht, meinen Blick im Auge, während er mit andern Patienten umging, andere Gesichter und Blicke sondierte. Flink bewegte er sich auf gerader Spur mit medizinischer Systematik vorwärts, ohne großen Respekt vor der unvermeidlichen medizinischen Niederlage. Er gab eine Vorstellung, er legte einen Kampf hin, und ich applaudierte, so gut ich konnte. Mein eigener Kampfgeist war angeschlagen, aber ich bot ihm die Reste davon an, die ich noch fand. Ich schloß mich dem rauhen Gerangel an: so bezeugte ich der normalen Welt meine Loyalität.

Für eine Weile treibe ich auf meiner beschränkten Atemkapazität, in ihrem Rhythmus, ihrem Metrum dahin, der Muse des unmittelbaren Überlebens gehorchend. Noch immer kann ich ohne Sauerstoffzufuhr nicht atmen, und ich bin von meinen Reaktionen auf die gewaltigen Dosen von Medikamenten gepeinigt, die in mich hineintröpfeln, hineingepumpt werden oder zu schlucken sind – fünfzehn Pillen vor der Nachtruhe, wie letzteres beschönigend heißt.

Barry sagt: «Ihr Zustand ist zufriedenstellend... Sie müssen aufpassen... Wir überwachen Ihre Kaliumwerte...» *Es geht nicht abwärts mit dir... Du kommst heute nicht auf die Intensivstation... Mit ein bißchen Glück schaffen wir's... Du könntest noch ein Stückchen Leben vor dir haben.*

Ich befinde mich mitten in einer Erfahrung, an welcher der Arzt nicht von innen teilhaben kann, und doch stellen die Berichte, die er mir gibt, und die Maßnahmen, die er im gegebenen Moment ergreift, meine einzige reale Quelle von Nachrichten über mich dar. Aids ist eine berühmte Krankheit, zugleich aber im Alltag von geringer Bedeutung. Ich habe notiert: *Barry bestand darauf, daß ich mir innerlich klarmache, was es bedeutet, Aids zu haben.* Tatsächlich machte ich auf sein Drängen hin den Mund auf und sprach es selbst aus. Aber ich wußte nur sehr wenig darüber. Ich glaube, er meinte, ich sollte wissen, daß Aids die Endstation einer bislang tödlich verlaufenden Infizierung mit einem Virus ist, das 1981/82 identifiziert wurde, und die willkürlich – und vielleicht wird es sich als nicht nützlich erweisen – so definiert wurde, daß sie mit bestimmten Oberflächensymptomen gleichgesetzt wird. Vereinfacht bedeutet das, daß Sie, wenn Sie Aids haben, Krankenhausmaterial sind. Die Terminologie ist bezeichnend: Sie werden an «Aids-bedingten Komplikationen» sterben. Babies und alte Knacker fallen besonders oft der hartnäckigen Mörderin Pneumocystis zum

Opfer. Wer Sie auch sind, Ihre biologische Identität sitzt fortan in einem durchlässigen Käfig voll beutegieriger opportunistischer Krankheiten. Aids ist nicht phallozentrisch, nicht auf Homosexuelle spezialisiert, nicht wählerischer als ein Aasgeier; Aids steht im Dienst Seiner Majestät des Opportunismus.

«Die Assistenzärzte werden Sie nicht belästigen», sagte Barry. Sie drängen nicht in Scharen zu Ihnen ins Zimmer; keine Ärzte halten an Ihrem Bett darüber Rat, was Sie wohl umbringt. Das hat seinen Grund nicht in Vorurteilen, sondern in Pragmatismus: Sie sind ein miserables Konversationsthema.

Die gesellschaftliche Isolierung, die politische Marginalisierung, die finanziellen Diebereien (die Attacken mit dem Ziel herauszufinden, was man Ihnen stehlen kann) und die Entwürdigung – einschließlich der sozialen –, die mit Aids einhergehen, lassen einen zum Teil an eine manchmal neonhelle und mit Linoleum ausgelegte Version der Todeslager denken. Diejenigen, die sich bis zum mächtig anschwellenden Finale der Erniedrigung – aus Auszehrung, Demenz, Diarrhöe, Mundfäule, PML (das Hirn angreifend), Kaposi-Sarkom, bestimmte exotische Glaukome – mehr als ein, zwei Jahre Zeit lassen, werden manchmal als *Überlebende* bezeichnet; offenbar hat man also eine gewisse Verwandtschaft erkannt.

Die Aura der Bestrafung ist eindeutig vorhanden: es ist eine Walpurgisnacht. Auf diejenigen, die noch eine Weile weiterleben, wartet der Sturz. Knapp unterhalb der Oberfläche Ihrer scheinbaren Freiheit sind Sie im Lager gefangen. Sie starren durch den Drahtzaun. Für Mut läßt die Krankheit sehr wenig Raum, und doch scheint sie in vielen rasenden Mut zu entfachen.

Zudem haben manche der Leidenden – infolge ihrer diversen früheren Weigerungen, sich zu fügen – bereits einen kuriosen Pakt mit der Schamlosigkeit geschlossen, ein Merkmal des Banditentums. Manche Homesexuelle haben es, manche Bluter auch.

Ich habe diese Beobachtungen am Rande einer systematischeren Recherche gemacht: Krankenhäuser sind zu wüsten Orten geworden; sie haben ihren Reiz verloren. Daß die Verschwörung von Bürgern der Mittelschicht – und das war die urbane westliche Kultur – zusammengebrochen ist, zeigt sich in den Krankenhäusern als sichtbarer, grundsätzlicher und allumfassender Verfall. Alles ist improvisiert und schwankt, sogar die Sauberkeit und die Durchführung der Therapie. Dennoch – vielleicht, weil manche Menschen hartnäckig freundlich und fest entschlossen sind, Güte zu verkörpern, oder weil sie es nicht lassen können, dem Notfall Priorität einzuräumen, oder weil jemanden vor dem Tod zu retten der Seele behagt oder Menschen in dem Gefühl bestärkt, sie seien auf der Welt von Bedeutung – treten die besten Krankenschwestern und Schwesternhelferinnen tatsächlich in Erscheinung und pflegen einen, wenn man im Sterben liegt.

Ich zumindest, sollte ich wohl besser sagen, erhielt diese Art von Pflege. Wenn Ellen da war, erhielt ich mehr davon. Die Medikamente kamen pünktlich, die Infusion wurde korrekt eingestellt; und die Zuwendung, die ich erfuhr, enthielt in ihren winzigsten Details ein Moment von respektvollem Anschub für den im Fall begriffenen Körper und

Geist, einen kuriosen, einen amerikanischen Appell – nicht zu glorreichen Taten, sondern dazu, Technologie und Techniken der Behandlung zu nutzen, davon zu profitieren. Es wird von einem erwartet, daß man sich Mühe gibt, in die Vorortwelt, auf den Tennisplatz zurückzukehren, daß man dem Leben huldigt.

Ich hatte Barry bereits so lange weichgeklopft, bis er aussprach, daß es hier keine Wunder, keine Heilverfahren gibt. Bislang ist noch niemand, der an Aids erkrankt war, gerettet worden. Die Aids-Statistiken sehen nicht gut aus. Während die Lebenserwartung 1981 – vom vollen Ausbruch der Aids-Erkrankung an gerechnet – elf Monate betrug, war sie 1993 statistisch auf achtzehn Monate angehoben worden. Sehr viele Kranke schaffen es nicht so lange. Und zum größten Teil besteht dieser Fortschritt offenbar aus den sechs Monaten, die AZT beisteuert, indem es das Knochenmark stimuliert und einem Nachschub an T-Zellen oder weißen Blutkörperchen verschafft.

In der Praxis ist die Überlebenszeit unterschiedlich, aber man hört viel von zwischen zwei und fünf Jahren. Wer eine kräftige Konstitution besitzt, in der Vergangenheit nach den medizinischen Maßstäben der Mittelschicht protektionistisch versorgt wurde und ebenso ernährt wird, bringt es mit größerer Wahrscheinlichkeit auf achtzehn Monate. Haben Sie so lange durchgehalten, ist Ihre Chance, es auf drei Jahre zu bringen, besser. Danach kommt es wieder sehr auf alles mögliche an. Die zweite Runde des brutalen Siebens beginnt. Wer sehr viel Glück hat, hält vielleicht noch ein weiteres Jahr durch. Fünf Jahre sind ein triumphaler Sieg.

Als Preis, als Ziel ist das nicht sonderlich *amerikanisch*. Es hat nichts Utopisches, wenn Barry es auch mit verblüffendem Großmut so hinzustellen versuchte: er hob dann die Stimme und lächelte, und ich sah seine Augen nuancenreich aufleuchten; er sah aus wie ein inspirierter Pitchman auf dem Baseballfeld, der seinen großen Wurf für *das Leben* wagt. Nur geht es hier nicht um das Leben.

Optimismus. Hoffnungsfreude. Unsere amerikanische Liebe zum großen, werbewirksamen Wurf und unser Vertrauen darauf, daß sie kulturell nicht etwas repräsentiert, was funktioniert oder wert ist, bewahrt zu werden, sondern was wert ist, daß wir *dafür arbeiten* – wo Traditionen fehlen, sorgt dies für eine nervöse Lebendigkeit. Es ist zugleich eine Form von Wahnsinn, der gierige, von Träumen provozierte Wunsch, die Zukunft möge das mangelnde Geschichtsbewußtsein ersetzen. Doch Amerika beruht darauf – auf diesem Vorwärtsblicken. Wir werden eine Nation erschaffen, und wir werden Gärten, Swimmingpools und Schönheitschirurgie haben. Vergleichen Sie nur Franklin Roosevelts Reden mit denen von Churchill, und Sie verstehen, wovon ich rede. Sie erkennen es am Rhythmus, an den Metaphern und den Thesen. Roosevelt verwies auf die vier Freiheiten, und Churchill stellte Blut, Schufterei, Schweiß und Tränen in Aussicht. (Oder vergleichen Sie Mark Twain mit Wodehouse. Oder Groucho Marx mit Evelyn Waugh.) Was Amerikaner als tragisch empfinden, ist so stark mit Wunschträumen verdünnt, daß es schon fast lächerlich wirkt. Wir Amerikaner erschaffen unsere Symbole holterdiepolter, als Form von Werbung, von etwas aktiv Unwirklichem. Vergleichen Sie Churchills Zigarre mit Roosevelts

Zigarettenspitze. (Oder die Tatsache, daß Churchill trank, was offenkundig war, mit Roosevelts Rollstuhl, der so gut wie nie photographiert wurde.) Die Unabhängigkeitserklärung, die Verfassung und die Bill of Rights gleichen merkwürdig Werbetexten: Garantie-Erklärungen, wie man sie in Anzeigen findet. Und Werbung verhält sich zum Nihilismus und zu den Drohungen mit Himmel und Hölle wie Materie zu Antimaterie. Die Grundlagen der Mittelschichtmentalität in Amerika haben nichts mit Gesellschaftsklassen im europäischen Sinn zu tun, alles jedoch mit dem Versuch, eine Utopie zu realisieren.

Die amerikanische Entsprechung zu Landadel und großbürgerlichem Grundbesitzertum ist (mit mehr abweichenden als übereinstimmenden Merkmalen) ein sozial unsteter Markt von Konsumenten, die reich sind, arrogant bis zum Platzen, leicht einzuschüchtern, aber nicht leicht zu zügeln. Hier herrscht, weil die Kultur so wenig konstant (und so neu) ist, das WIE-WERDE-ICH-Element – wie werde ich *glücklich* oder einigermaßen wohlhabend und sorglos; wie werde ich mit überlegenen, statusbewußten Leuten fertig, mit Freunden der Oper zum Beispiel? Wie werde ich all dies demnächst, in der nahen, besseren Zukunft? Immer schwingt ein «Auf welcher Seite stehst du?» mit. Im amerikanischen Tagtraum, wie er bei Twain und bei Hemingway erscheint, geht es um Wiederaufbau nach der Flut, darum, daß man besser dran ist als zuvor, daß man diesen oder jenen Herausforderer überlistet, bis hin zum Tod, einschließlich des Todes.

Gut und schön, aber wie schafft man es, *vorläufig* optimistisch zu sein? Ohne Hoffnung?

Niemand kann erklären, was es bedeutet, gezeichnet zu sein. Die üblichen Erklärungen, die traditionellen, haben etwas mit Sünde zu tun – mit Sünden der Vorfahren und eigenen Sünden. Amerikaner zu sein heißt jedoch, zur Hälfte Nietzscheaner zu sein. Als Amerikaner setzen Sie sich über die Sünde selbst dann hinweg, wenn Sie partiell noch an sie glauben. Sie müssen Ihr Leben oder Ihren Tod gewissermaßen nach dem Zivilrecht ertragen. Jeder muß das tun.

Das Ich entsteht zum Teil aus der Arbeit, die man leistet; darin erahnt man manchmal flüchtig einen Sinn. Das Wissen um die Verbrechen, die man begangen hat, kann vielleicht dazu beitragen, einen am Leben zu erhalten. Oder selbstgerechte Empörung kann einen retten. Und die Weigerung zu kämpfen wird zu einer Kampfmethode, zu der verdrossenen Behauptung, man habe es schon im Griff, etwa wenn man erklärt: *Sehen Sie, ich hab keine Ahnung, wie lange ich so noch leben kann.* Dann fliegen die Türen auf wie eine Farce, und etwas, das dem Haupt der Medusa gleicht, kommt wie ein Pendelgewicht in die Korridore der Krankheit hereingeschwungen, und man erstarrt zu Stein.

Immer wieder wollte ich laut aufschreien, wie es Doris Brodkey getan hat, oder im Zorn Zuflucht suchen wie Joe Brodkey. Ich wollte einen ererbten Tod. Nur hatte ich die Vergangenheit in der Tat verloren. Dieser Tod war anscheinend ganz und gar der meine, schien allein mir und Ellen zu gehören.

Der Tod streicht nicht mehr auf leisen Sohlen und mit sanfter Stimme ganz nah vorbei. Er steht im Flur. Die Schwäche überrollt mich nicht und weicht dann, sondern sie bleibt bei mir. Sie riecht abgestanden. Sie überflutet mich, füllt meine ganze Seele aus. Die Hülse, die meine Jugend, meine Stärke und mein Glück enthalten hat, ist leer und bebt ein wenig. Ein junger Fuchs, ein nervöser kleiner Vogel im Schatten, ein Sack verseuchten Bluts, eine zum Skelett abgemagerte, steif und still daliegende Gestalt: das ist mein Bewußtsein. Und wenn nur die Wünsche, die man flüsternd äußert, ernst genommen werden und einem räuberisches Mitleid erspart bleibt, ist es, wie wenn ein kleiner Vogel gefüttert wird. Barry und Ellen werden mich für eine Weile retten.

Ich befinde mich immer nur flüchtig in der Gegenwart, in meinem Krankenhauszimmer. In manchen Momenten bin ich weit offen für die Welt, eingebettet in das Leben von Alton, einer Kleinstadt im Mittelwesten, in die mich meine Adoptiveltern brachten. Meine neue Mutter war, obwohl Jüdin, eine Frau vom Typ Daisy Buchanans. Einmal konnte sie, als sie mich bei sich hatte, keine Parklücke finden; sie ließ den Wagen mitten auf der Straße stehen, wo er die Straßenbahngleise blockierte, und trug einem Verkehrspolizisten auf, er solle sich darum kümmern, was er auch tat. In Alton war der Stil offen davon bestimmt, wieviel Geld man besaß und wie zugänglich für einen St. Louis war, jenseits des Mississippi gelegen. Jede große Stadt hatte gleichsam ihr Reich von Kleinstädten, über das sie herrschte; die Zugreise von St. Louis nach New York dauerte zwei Tage und eine Nacht. Die Ladenbesitzer und die Polizisten der Stadt kannten einen. (Das verschaffte einem eine enorme sexuelle Freiheit, wenn man «angesehen» war.) Mit überregionalen Gütern wurde man von Sears, Roebuck und von Montgomery Ward beliefert. Die meisten Landstraßen waren für Pferd und Wagen angelegt, und manche knickten im rechten Winkel ab, entlang den Grundstücksgrenzen. Manche Landstraßen hatten Ziegelpflaster. Ich habe immer angenommen, die gelbe Plasterstraße in «Der Zauberer von Oz» sei eine regennasse, den Sonnenschein zurückwerfende Landstraße zwischen Maisfeldern.

Alton hatte dreißigtausend Einwohner, die auf unterschiedliche Weise mit dem «American style» (ein komischer Widerspruch in sich selbst) jener Ära experimentierten; die Reichen trugen Kleider aus St. Louis und die noch Reicheren die St.-Louis-Spielart von New Yorker Kleidern oder sogar Kleider, Hüte und Handschuhe aus Paris. In jenen Jahren bestand der große Unterschied zwischen dem Kleinstadt- und dem Großstadt-Stil darin, daß der letztere auf die Zukunft, auf irgend etwas Kommendes abzielte. Er suggerierte romantische Abenteuer oder einen weiteren Schritt hinein in die kosmopolitische Legende, auf die nächste Episode einer Geschichte zu, die von Macht handelte. Der Kleinstadt-Stil jedoch (wie später auch der Vorort-Stil) blickte nicht vorwärts; er war so gut wie absolut zukunftsfeindlich, somit geschichtenfeindlich, erstarrt, kodifiziert, idyllisch. Selbst wenn eine Frau ein Stück von Schiaparelli oder Mainbocher ergattert hatte, war dies eine abgeschlossene Sache, eine irgendwie einschüchternde, endgültige Ausstattung. Dies war so, weil *echter* Stil – der visuelle Selbstentwurf im kühnen Licht dessen, was man sich wünschen oder wozu man fähig sein möchte – einen zwangsläufig aus der Stadt hinausführen und Abenteuern aussetzen würde, und sehr wenige Frauen besaßen soviel Mut.

Meine Eltern hatten nicht sehr viel Geld, aber genug Courage, um 1934 nach St. Louis zu ziehen; dort hatten wir keine Beziehungen, wir waren nicht chic. Selbst ein so kleines Kind wie ich empfand den Unterschied. Joe Brodkey, mein Adoptivvater, pflegte einmal in der Woche nach Alton zurückzufahren, nur um an den Erinnerungen an die Zeit zu schnuppern, in der er einflußreich gewesen war und eine *Position* eingenommen hatte. In einer Kleinstadt hatte meine Familie gezählt, in St. Louis zählte sie nicht. Joe Brodkey hatte jenen Sinn für die amerikanische Zähigkeit, der so entmutigend für jemanden ist, der fast nichts von dem besitzt, was er wirklich will.

Kennen Sie den Mythos von meiner Unwiderstehlichkeit? Davon zu sprechen fällt mir nicht leicht. Der Traumtyp für jedes Bett. So vielleicht. Was für ein Witz. Es war ein Gerücht – ein Ruf, der mir anhaftete, nichts als ein Bestandteil der schwebenden Wolke, des scharfen Aromas von New Yorker Klatsch. Ich habe als unverdrossener Amateur praktiziert, mit einem gewissen Vergnügen und einiger Neugier, aber meinem Ruf war ich nicht gewachsen. Mir waren physisch sehr klare sexuelle Grenzen gesetzt. Es mißlang mir, mich als Held der sechziger Jahre zu behaupten. Oder der siebziger Jahre. Ich war der Rolle nicht gewachsen. Ich war sonderbar, anspruchsvoll und ausweichend. Ich brachte es nie auch nur annähernd zu dem modischen Rang und zu Akten, wie Mapplethorpe sie in Bildern festgehalten und publik gemacht hat. Ich hatte nie einen Casanova-Status. Was immer ich getrieben habe, welche tatsächlichen Vorfälle mein Image so aufgewertet haben mögen, wieviel Humor oder Eitelkeit ich auch bewiesen haben mag – der Mythos beruhte ganz eindeutig größtenteils auf den Behauptungen und dem Klatsch anderer. Ich habe ein Geschlechtsleben gehabt, aber nicht so eines.

Tennessee Williams, der lange vor mir dieselbe Highschool besucht und einige derselben Lehrer gehabt hatte wie ich, hat das Thema der männlichen Unwiderstehlichkeit gestreift, jedoch in Hinblick auf Strichjungen und gutaussehende, durchreisende Fremde, stets in Lumpen, stets Erniedrigungen ausgesetzt. Ihn ahmte William Inge nach, der das Thema direkter, reportagehafter in dem Stück (und späteren Film) «Picnic» behandelte. Und Schauspieler wie Paul Newman, Marlon Brando und William Holden verkörperten diese Idee eine Zeitlang in allerlei Hollywood-Rollen – in denen auf sie geschossen wurde, sie in den Swimmingpool fielen und so fort.

Zum amerikanischen Bild von der Gestalt des *Good Fuck* (den zu erleben man sich schuldig ist) gehörte immer die Kindlichkeit solcher Gestalten und deren Scheitern in der Welt – gutaussehende, niedergeschmetterte, abgeschmetterte Waisen, die von alternden Filmstars abhängig sind, oder von Anna Magnani als wohlhabende Geschäftsfrau in einer Kleinstadt, oder von Kim Novaks weiblicher Tiefgründigkeit; diese sexuell attraktiven, bankrotten, Christus-ähnlichen Waisenjungen, diese Phallusträger und Phalluslieferanten hatten der Definition nach in der Welt machtlos zu sein. Brando fiel es schwer, Napoleon, Mark Anton oder sonst einen andern Typ zu spielen als den des phallischen Märtyrers. Und die enorm erfolgreichen Autoren, besonders der verstörte Tennessee Williams, und die erfolgreichen, machtwütigen Regisseure konnten ihre Verachtung für diese Versager und Machtlosen unterschiedlichen Grades nie unterdrücken. Das verächtlichste Bild von ihnen zeichnete Billy Wilder in «Sunset Boulevard». Ich weiß von keiner Darstellung derartiger männlicher Unwiderstehlichkeit in der modernen britischen Literatur, mit Ausnahme von Waughs Held Basil Seal, und der ist in seiner Seele ein Charmeur. Lermontow, Stendhal und Puschkin gehen mit dem Typus freundlicher um, aber gleichwohl noch grausam. In einigen sehr alten Versionen – wie etwa Joseph oder David in der Bibel – wird er mit weniger Verachtung dargestellt, dafür aber mit weltlicher Macht, mit Erfolg bedacht; von diesen Gestalten heißt es, sie seien gesegnet. In den amerikanischen Versionen sind sie immer Narren.

Es kommt einem alles andere als weltbewegend vor, dieses Geschwätz von *Unwiderstehlichkeit*, im Leben jedoch, in der Wirklichkeit, die das Geschwätz buchstäblich annimmt, bedeutet es, daß manche Leute den Mund aufsperren, auf einen wütend sind und wegen einem weinen, daß jede Menge Klatsch aufkommt, dieser und jener Entführungsversuch unternommen wird, daß wegen einem mit Selbstmord gedroht wird und daß einem auf der Straße Leute nachgehen, die allen Ernstes, lächerlicherweise, von einem besessen sind. Es bedeutet, daß andere einen für einen Verrat hassen, der nie stattgefunden hat, für das Glück, das man ihrer Meinung nach hat, und das sie dann in ihrer Wut zunichte machen wollen. Es ist sagenhaft peinlich mitzuteilen, daß ich illegal und unter großen Schwierigkeiten adoptiert wurde und daß man die Schwierigkeiten in Kauf nahm, weil das noch sehr kleine Kind – hierin stimmen die Berichte überein, auch wenn die Photos dies nicht bestätigen – von außerordentlicher Schönheit war. Die angebliche Schönheit eines katatonischen Kleinkinds als öffentlicher «Mythos» unter den Juden einer Kleinstadt: das ist die Essenz des Kindheitsdramas – diese Unwiderstehlichkeit, dieses Aussehen, diese Statur, diese Gesichtszüge. Von frühster Kindheit an stand ich in meinem Leben immer, immer knapp davor, lebendigen Leibes gefressen zu werden: *Ich könnte dich glatt fressen.* In meiner Kindheit redeten die Leute sehr viel über mich, sie stritten sich meinetwegen – und drohten mit Gewalt. Und es kam zu Gewalttätigkeiten, manchmal gegen mich.

Als Erwachsener habe ich Menschen, denen als Kindern diese Art von Beachtung zuteil geworden war, selbst recht gewalttätig, hysterisch und seltsam werden sehen. Ich verstehe Kindheit und Adoleszenz als sexuelle Phasen, als erfüllt von sexuellen Übergriffen anderer. Man hat mir erzählt, daß Doris Brodkey zum ersten Mal versuchte, mich meiner leiblichen Mutter abzukaufen, als ich ein Jahr alt war. Ich möchte annehmen, daß in der normalen Welt das Schicksal der Unwiderstehlichkeit in früher Kindheit begründet wird, und zwar für die meisten von uns als Voraussetzung unseres Daseins; daß dieses Schicksal in meinem Fall jedoch auch meinen Tod mitbestimmt hat.

Ich erinnere mich, daß Leute zu uns ins Haus kamen, um mich zu sehen – daß ich, herausgeputzt und gekämmt, vorgezeigt und von einer Umarmung in die nächste weitergereicht wurde. Ich hatte einen sandfarbenen Kaschmiranzug mit kurzen Hosen und ein Hemd wie der kleine Lord

Fauntleroy, mit Rüschen am Hals und über der Knopfleiste, die es mir unmöglich machten, die Knöpfe zuzukriegen. Abwechselnd schlossen meine Eltern, meine Schwester und mein Kindermädchen mir die Knöpfe und bürsteten mir die blonden Haare, Ringellocke für Ringellocke. Wie sehr ich es haßte, berührt zu werden. Sogar, angeschaut zu werden. Manchmal strampelte und schrie ich und ließ mich vom Kindermädchen nicht anziehen. Ich brachte es sogar fertig, aus dem Fenster meines Zimmers im ersten Stock zu klettern und mich auf dem Dach zu verstecken, statt hinunterzugehen. Ich liebte Matsch und alles, was Stiefeln ähnlich sah. Ich wollte jeden Tag Gummistiefel anziehen.

Häufig hieß es: «Dieses Kind braucht eine feste Hand.» Sie würden sich wundern, wie absonderlich – und beunruhigend – damals in den dreißiger Jahren das «Nein» eines Kindes war und wie aufgebracht die Erwachsenen darauf reagierten. Wenn einem Jahrzehnte später in New York – in fast jedem Bereich, in dem man voranzukommen suchte – jemand einen sexuellen Antrag machte und man «Nein» sagte, dann war man offenbar als Dilettant gebrandmarkt, als unprofessionell, nicht ernst zu nehmen und bis zu einem gewissen Grad als Narr. Aber ich war so stolz, so von Geistern besessen, daß sogar dann, wenn ich mich entschieden hatte, «Ja» zu sagen (zu dieser oder jener Person, etwa zu dem Angebot einer Unterkunft), ein «Nein» aus meinem Mund kam.

Im Grunde interessiert an Menschen, die mit *Unwiderstehlichkeit* geschlagen sind, letztlich nur die Art und Weise, wie sie scheitern. Wie sie zu verletzen sind. Wie sie den Rückzug antreten, sich Narben, Fettsucht oder den Tod holen. Wenn ich angegriffen werde, fühle ich mich an meine Kindheit erinnert. Gehässigkeit und das Verlangen, einen zu demütigen, tun sich in böser Unsicherheit zusammen und bringen einen zum Lachen vor Schock und heimlichem Wiedererkennen. Um sich zu schützen, wird man sehr betont vernünftig. Jede Berührung grenzt an Mißbrauch, an fordernde Aneignung.

Wenige Menschen sehen einen jemals an, ohne sich in ihrer Selbstwahrnehmung als *ihrerseits* Unwiderstehliche und als Objekte konkurrierender Gefühle gekränkt zu fühlen. Diese Eigenart gibt andern das Gefühl, man nehme ihnen etwas Großes, Wertvolles fort, und wenn man der Überzeugung ist, daß unser Wissen auf Vergleichen beruht, oder wenn man überzeugt ist, daß es einen demokratischen (konkurrenzbewußten) Exhibitionismus gibt, dann nimmt man ihnen auch *wirklich* etwas Wertvolles fort: die Vorstellung, sie seien liebenswerter als man selbst.

Unter dem Aspekt besagter Unwiderstehlichkeit war ich in New York während der letzten vierzig Jahre immer wieder mal *in Mode*. Und mich «zu lieben» brachte in solchen Zeiten Insider-Pluspunkte ein. Anderen Leuten wurden Literaturpreise oder akademische Ehren zuteil. *Ich* dagegen machte Unterschiede, was Gefühle und Verehrer anging – und bildete mir ein Urteil über ihre menschlichen Qualitäten, ihren Geruch, ihre Intelligenz, ihre komödiantischen Fähigkeiten und ihr Vermögen, einen zu faszinieren, über ihre emotionale Intelligenz. Immer wurden mir ganz unvermittelt so etwas wie emotionale Bürgerrechte eingeräumt, war ich unverdientermaßen willkommen. Diese absurde Unwiderstehlichkeit empfand ich als Groteske, als unergiebigen Scherz. Ich versuche hier, das Wesen der Versuchungen zu beschreiben, mit denen das Kind konfrontiert wurde und die es darstellte – das Kind, dann der Heranwachsende, dann der junge Mann in New York, der nun der alternde Mann mit Aids ist.

Ein anderer Mann konnte mich vielleicht so «lieben» wie jemanden, der beim Krocketspiel schummelt, nur war das Krocketfeld *in mir* abgesteckt – ein eigenartiger Vergnügungspark. Man stellt sich blöd und gibt sich wohlanständig, obwohl man doch in diesen Dingen ein uralter Hase, eine ausgebuffte Nutte ist. Äußerlich mag man ja vielleicht distinguierter und puritanischer wirken. Niemand muß einräumen, daß er jemand von dieser Sorte ist. Menschen, die von einem besessen sind, erklären einem gern, daß man nichts Besonderes, daß man häßlich sei – mit melodramatischen Szenen gehobener wie trivialer Art muß man tagtäglich rechnen. Oh, diese erbitterten Anrufe. Ich finde in meinem Gedächtnis nicht einen Tag meines Lebens, der ohne irgendein erotisches Drama verlaufen wäre. Und vielleicht verleiht einem ja die Fassung, mit der man seine Geschichte erträgt – die erotische Schläue oder Direktheit –, etwas der Schönheit sehr Verwandtes, gleich welche Geschichte man auch hinter sich haben, wie man tatsächlich aussehen mag. Vielleicht ist es sogar wirklich eine Form von Schönheit – der Mut, ein gewisses sexuelles Leben geführt zu haben, trotz der Schwierigkeiten, meine ich.

Wie dem auch sei, das gewichtigste Drama meiner Adoleszenz entstand daraus, daß mein Adoptivvater Joe Brodkey, ein herzkranker Mann (ein gutaussehender Invalide, wie man in einem pornographischen Text schriebe), mich zwei Jahre lang, als ich zwölf und dreizehn war, tagtäglich sexuell bestürmte – zweimal am Tag, morgens und abends. Im Grunde hatte er nichts anderes zu tun. Er war krank. Wir waren nicht blutsverwandt. Ich drücke mich hier sehr verschämt aus. Es gelang ihm nie, in mich einzudringen, aber es war einigermaßen beängstigend und schweißtreibend. Ganz abgesehen davon, daß er pathetischerweise auch noch ein Sterbender war. Und daß meine öde Unwiderstehlichkeit bereits eine so lange Geschichte hatte. Und daß mein Verstand all das beobachtete. Joe Brodkey hatte einen gefährlich hohen Blutdruck. Ich war zu kräftig, zu erstarrt, als daß viel hätte passieren, als daß das Drama sich hätte recht entfalten können.

Hier lüge ich. Ich kam nicht umhin zu bemerken, daß sein Herz litt – unter Gefühlen; daß er eindeutig *liebeskrank* war. Und als ich wegen der Übergriffe keine Szene oder sonstwie Ärger machte, wußten bald sehr viele Leute über «die Liebesgeschichte» Bescheid. Vermutlich hatte meine Mutter darüber geredet, aus Gründen, die nur sie kannte. Sie sagte Dinge wie: *Er kann nicht ohne dich leben*, oder: *Er ist süchtig nach dir, du hast ihn, wo du ihn haben wolltest, jetzt rede du an meiner Stelle mit ihm.* Oder aber Dad redete darüber – er hatte so seine Vorstellungen von Familie und Mannesrechten, die dem 19. Jahrhundert entstammten.

Ich beichtete nichts. Ich beklagte mich bei keinem. Meine Mutter, die selbst Krebs hatte und unter dem Einfluß von Medikamenten stand, warnte mich davor mit orakelhaften Sprüchen: «An deiner Stelle würde ich lernen, den Mund zu halten.» Ich möchte ihr Andenken nicht schmälern, aber sie fand die Situation erregend, sogar beflügelnd, da sie – wie man auch ohne großen Scharfsinn sah – dazu beitrug, sowohl Doris als auch Dad am Leben zu erhalten: Sie hatten Interesse an dieser *Liebes*angelegenheit.

Übergriffe, wie die von Joe haben immer auch den Aspekt, daß man erniedrigt werden soll; manchmal jedoch konzentrierte sich alles – wie in der letzten Zeile einer Story – in tiefer Zuneigung zu dem Geschöpf, in dem meine Identität in jenem Moment gefangen war. Meine beiden Eltern hätten den anderen bereitwillig meinetwegen umgebracht. Manchmal kämpften sie um mich – auf Leben oder Tod, wie mir schien; so selten kommt das gar nicht vor, oder? Meine Mutter erteilte mir Ratschläge: «Man macht nie einen guten Eindruck, wenn man nein sagen muß.» Ich sei «ein hübscher junger Bursche» (was ich in Wirklichkeit nie ganz war; ich war zu sonderbar dafür), «ein junger Mann mit einem angenehmen Lächeln, wenn du meine Meinung hören willst». Sie sagte: «Man muß eben auskommen mit dem, was einem gegeben wird.» Das waren die letzten Spielfiguren, die sie auf dem Vorort-Brett ihres todlangweiligen Lebens noch bewegen konnte.

Ich aber blieb mit dem Drama, den ständigen Nachstellungen konfrontiert. Und solche Übergriffe, solche bizarren Dinge, solch komisch-manische, melancholisch stimmende oder gefährliche Vorfälle ereigneten sich, als wären sie ansteckend, überall – mit Football-Kumpeln, mit alten Freunden, mit Müttern von Freunden, mit Unbekannten. Einmal wäre ich sogar fast entführt worden; ich wurde in ein Auto gezerrt, wehrte mich aber und redete so lange, bis ich fortgelassen wurde. In der Schule fingen mich, du liebe Güte, Mädchen in der Eingangshalle ab oder bei gutem

Wetter schon vor der Tür. Zweimal in einem Jahr, viermal insgesamt beklagten sich die Mütter von Mädchen, deren Annäherungsversuche ich ignoriert hatte, beim Schuldirektor – ich hätte ihre Töchter gekränkt, und ob man mich denn nicht dazu bewegen könnte, empfänglicher zu reagieren? Meine Eltern wurden angerufen, in Gespräche verwickelt. Was immer ich sein mochte, als Privatbesitz und als mein eigener Herr galt ich bestimmt nicht. Die Handlungen meines Vaters ordnete ich auf gleicher Ebene ein, betrachtete sie in diesem Licht.

Daß die Zeit wirklich vergeht, ist unter anderem darum lästig, weil über die Vergangenheit Lügen erzählt werden können. Es kann mit falschen Präzedenzfällen argumentiert werden. Bewußt können Gleichungen aufgestellt werden, in denen gewisse reale Momente ungeprüft und unberücksichtigt bleiben. Die Sache selbst, das sexualisierte Werben, entstand daraus, daß der Junge seinen vierundvierzigjährigen Vater tröstete und manchmal in die Arme nahm und wiegte, wenn diesen das Todesfieber, Wut oder Panik peinigte. Vielleicht wurde das Leben durch meine Verhaltensnormen definiert. Ich fing etwa an zu lachen, nahm eine Umarmung kurz hin und entzog mich dann. Das moralische Urteilsvermögen sorgt dafür, daß man seinen Vater so zurückweisen kann, obwohl er ein Sterbender ist. Solch eine Verweigerung ist Arroganz Daddy gegenüber. Oder schreibt dem eigenen Leben zumindest einen positiven Wert zu. Wenn man Gefühle, die man weckt, ignoriert, ist dies für jemanden, der von einem beachtet werden möchte, nicht von Narzißmus zu unterscheiden. Ich beklage mich ja nicht. Das Leugnen der Wahrheit, fiel mir auf, nannten alle

Takt. Er hat mich verflucht. Nun werde ich sterben, entstellt und unter Qualen.

Um Teile der Geschichte über mich und meinen Vater weniger schamhaft erzählen zu können, müßte ich meine Art zu schreiben ändern. Im wirklichen Leben habe ich mit Homosexualität experimentiert, um meinen Stolz zu brechen, um mich der Geschichte zu öffnen.

Ich bemerkte, daß Barrys Haltung mir gegenüber sich rasch und gründlich wandelte, als er begriff, daß ich Ellen in Hinblick auf meine sexuelle Vergangenheit nie belogen hatte. Ein-, zweimal korrigierte sie mich sogar, als ich eine Frage von Barry ungenau oder zu schnell beantwortete. Sie hatte alle Menschen kennengelernt, die in den Jahren vor ihr in meinem Leben vorgekommen waren – in meinem literarischen, alltäglichen und homosexuellen Leben. Keiner davon hatte sie akzeptiert. Keiner. Nachdem sie mit mir auf und davon gegangen war, wurde so ziemlich von allen Seiten auf sie eingeprügelt. Vorsichtig predigte mir Barry, welches Glück ich doch hätte, sie zu haben. Ich spielte in Zeitlupe den Starrsinnigen und sagte: «Ich weiß. Bloß wissen Sie nicht, daß sie nie so nett zu mir war, solange es mir gutging.»

Ist es nicht ein großer Schwindel, daß das eigene Leben für jemand anderen wichtig ist? Daß man einen Kampf führt, den zu verlieren einem vorbestimmt ist? Daß man in einem nicht makellos sauberen Krankenhaus liegt? Ich signalisierte Barry, daß ich noch auf den eigenen Füßen stände, noch auf der Höhe sei, obwohl ich natürlich daniederlag – und fahlgrün im Gesicht war.

Der Umstand, daß Aids heute eine komplexe (und allumfassende), zum Tode führende Befindlichkeit ist, führt beim Patienten zu einer Art von distanzierter Verwunderung über den Arzt. Wenn Sie human sind, was tun Sie, wenn Sie der tiefsten Erniedrigung im Moment der Niederlage ins Auge sehen? Wie ich, konnte Barry nur vorübergehend siegen – warum tat er das alles dann? Andere Ärzte, die ich kennengelernt habe, haßten den Tod, sie *haßten* ihn, konnten seine Nähe nicht ertragen, es sei denn, sie waren ihm gegenüber im Wettbewerbsvorteil. Tod und Niederlage ziehen einen mächtig runter – Sie brauchen bloß einen Kinderneurologen fragen, der es überwiegend mit unheilbar kranken Kindern zu tun hat. Ich habe einen Arzt schon weinen sehen, weil er unterlegen war – Sie vielleicht auch. Und ich habe die Schwelle meiner Person bereits überschritten, wenn ich dem Gedanken nachgehe: Wie schafft er das?

Tag für Tag, so will es unser Pakt, geben wir uns in diesem Krankenhauszimmer terminologisch mit Details ab, unter Umgehung der unbeantwortbaren Fragen. Die Bedeutung der Blutwerte, der T-Zellen-Zahl, des Vorhandenseins von Antigenen, die Eigenarten von Virus-Mutationen und körperlichen Reaktionen, die Auswirkungen vergangener Ereignisse. Ich habe plötzlich kein Kalzium – oder sonstwas – mehr. Mein Blutdruck sinkt bedenklich. Barry verschreibt, ficht, pariert. Medizinische Entscheidungen werden gefällt, eine Strategie wird ausgeheckt, und die ganze Zeit über ist aus dem Augenwinkel der Ausgang zu erspähen, das weitere Schicksal, das man manchmal Bestimmung nennt, geschlängelt um den Äskulapstab, der gezielt in den gekränkten Leib gestochen wird.

Es ist seltsam, das faktische Schicksal als etwas zu betrachten, das in einem konstant in Bewegung ist, aber da ist es – zerrt ständig an einem, macht einen ständig zur Zielscheibe für Pech oder Glück. Wie wenig es mir paßt, ein Schicksal zu haben, weiß nur Ellen. Wie sehr mein Körper vom Virus geschädigt ist, wird erst nach meinem Tod erkennbar werden. Grundsätzlich ist die Situation vollkommen klar und vollkommen dunkel: ein verhängnisvoller Boxkampf mit einem Virus von submikroskopischer Größe, das keine wirkliche Ahnung davon haben kann, wer sein Gegner ist, und das in seiner Mikro-Unwissenheit gleichwohl zum Sieg bestimmt ist. Es frißt einen bei lebendigem Leibe auf. Man hat einen Schlauch in der Nase, es tröpfeln einem Medikamentlösungen über Nadeln in die Arme, die das Phantom Tod zum Teil bannen (die Entstellung freilich nicht); aus den dunklen Ecken des Zimmers linst es einen an. Annähernd ist man wieder Kind, fürchtet sich wieder vor dem Dunkel.

Und man ist es nicht. Vor langer Zeit, als ich noch nicht zwanzig war, hatte ich einmal eine üble Lungenentzündung – zurückzuführen auf schlechte Ernährung unter der Maske von Rebellentum, als ich im zweiten Jahr in Harvard studierte, und auf die Tatsache, daß ich zu arm war, um Winterkleidung mit aufs College nehmen zu können. Ich glaube, ich hatte vorher noch nie gefroren, nicht so. An Weihnachten war ich nach Hause gefahren, um meine Mutter, meine sterbende Mutter zu besuchen, und ich erinnere mich, daß sie auf einem Spaziergang zu mir sagte, sie habe sich gelangweilt ohne mich. Diese Bemerkung von ihr gab mir den Rest, wenn ich mich einmal Holden Caulfields Redeweise bedienen darf. In jener Nacht setzte das Fieber ein, und im Delirium sagte ich später immer wieder *Ich sterbe*. (Vielleicht beginnt man ja auch zu sterben, und dann rettet einen etwas. Vielleicht ist es so ähnlich, wie wenn man eine Münze wirft oder, wenn man gerade laufen lernt, einen Schritt über den Rand einer hohen, geländerlosen Veranda tut, ein Bein in den Raum hinausschwingt... *Rettet mir das Leben*... Ist das nicht die Essenz der Kindheit, dieser Schrei, während man vornüberkippt – und was passiert jetzt?)

Diesmal bin ich nicht in Gefahr, ins Delirium zu geraten; dafür bin ich zu alt. Die Tatsache, daß ich Aids habe, bietet mir an Delirium mehr, als ich verkraften kann. Es gibt sogar Momente, in denen ich mich in scheinbar arschkriecherische Wohlerzogenheit flüchte. Ein Versuch, mich auf die gute Seite des Lebens zu schlagen.

Ich weiß, ich arbeite, kämpfe, erdulde – das Verb wechselt alle paar Minuten –, damit ein Teil von mir zeitweilig überleben kann, und daß es für mich bislang in keiner Lage um Leben oder Tod gegangen ist, soweit ich mich erinnern kann. Joe Brodkey sagte immer, ich sei nicht ernst zu nehmen, sei der Typ, *der mitten in den Hagel von Maschinengewehren hineinspaziert*. Alles sei für mich Spiel, nie ginge es mir ums Ganze. *Alles ist ein Spiel für dich, Buddy.* Joe und Doris Brodkey nannten mich Buddy, weil sie fanden, ich sähe aus wie ein Filmstar namens Buddy Rogers, der eine Weile mit Mary Pickford verheiratet war. *Nichts kümmert dich wirklich*, hatte Doris gesagt. *Du machst mir angst. Ich glaub, du bist schon längst gestorben. Ich glaub, du bist gestorben, als deine Mutter gestorben ist, und wir haben bloß einen Geist abgekriegt, der nicht genug Verstand hat, sich unterzustellen, wenn's schüttet.*

Dieses Mal habe ich nicht die Zeit, es lässig zu nehmen. Dennoch sagt mir Barry fast täglich besorgt, zweimal am Tag sogar, daß ich früher oder später *unweigerlich* zusammenbrechen werde, daß ich eine der vorteilhaften Reaktionen auf die Diagnose Lungenentzündung und Aids nicht aufweise. Er schüttelt den Kopf über meine Weigerung zu trauern – soweit ich raten kann, ist es ihm nicht geheuer, daß man sowohl einen persönlichen Utopismus als auch den Tod leugnet. «So gehe ich eben mit den Dingen um», erkläre ich ihm. Ellen ist auf Barrys Seite; sie glaubt, ich sollte nachgeben und trauern. Ich bin ihr psychologisch fremd. Ich spüre, daß sie nicht erfaßt, was hier geschieht, was mein Sterben bedeutet und wie die Leute sich verhalten werden. Ich selbst bin übersensibel, faul, ein Feigling und Eremit, doch Verstand und Geist pochen auf die Unabhängigkeit, die ihnen zusteht.

Die Tage verstreichen. Ich sterbe nicht. Barry bekundet zunehmend, wenn auch noch immer ungläubig, Respekt vor mir, meinem Amüsement und meiner halbironischen Höflichkeit. Schließlich funktioniert mein System ja. Er läßt Raum für meine Strategie, da ich seine nicht vollständig gutheiße. Er spricht mit mir; er begegnet mir in meinem öden Niemandsland mit Nächstenliebe. Dort konferieren wir über medizinische Einzelheiten, die mir überwiegend schleierhaft bleiben, der ich hier mit einem halben Dutzend Blutergüssen an jedem Arm und einer wundgelegenen Stelle am Rücken liege.

Die mir bekannten Leute, die nach Wutausbrüchen süchtig sind, sind tief unglücklich. Daran werde ich erinnert, nun da wir ums Ganze spielen.

An gewissen Veränderungen im Benehmen von Ellen, Barry und den Krankenschwestern spürte ich, daß die unmittelbare Todesgefahr gewichen war. Und verschwommen nahm ich wahr – noch ein weiteres Symptom –, daß ich anders am Leben war als zuvor. Ich war bei fast vollständigem Stillstand am Leben, während meine Frau, der Arzt und die Schwestern ein enormes, luftiges Tempo an sich hatten: sie hatten noch ein ganzes Leben zu leben.

Die Zeit hatte sich eindeutig verändert. Ich lebte, war aber zu etwas zurückgekehrt, was nicht eigentlich das Leben war. Interessant, aber ausgetrocknet. Mein Schicksal enthüllte mir nun Folgendes: daß keiner sich von solchen Schlägen, von dem Wissen, ruiniert zu sein, jemals erholt. Ich war noch immer in Gefahr, plötzlich zu sterben, und würde es auch bleiben. Alles an Kraft war wie ausgesaugt. Entsprechend hatte ich das Gefühl, alles um mich herum, alles, was in Verbindung zu mir stand, werde stärker – die Erdanziehung, Ellens Atmung, das Glück der Feinde, die hypnotisierende Leere der Leuchte an der Wand des Krankenhauszimmers.

Die meisten meiner Freunde und Bekannten, die an Aids gestorben sind, schienen gegen Ende nervös etwas vorzutäuschen, wie Schauspieler, die auf der Hut sind. Vielleicht ist schon immer deutlich gewesen, was mir nun so überaus deutlich wurde: daß man, indem man am Leben bleibt, eine Rolle spielt, und daß der Ort, an dem man sie spielt, hohl ist, ohne Boden, ohne wahrnehmbare Begrenzung. Man spielt diese Rolle mit überdrehtem Schwung, in dem (scheiternden) Versuch zu verbergen, daß man keine Aufenthaltsgenehmigung mehr besitzt. Ich versuchte es vor Ellen zu verbergen. Ich konnte rascheln und wispern wie ein Geist. Ich konnte meine Augen und mein Lächeln einsetzen – das schauspielerhafte Verhalten, das ich an meinen Freunden bemerkt hatte –, der Ausdruck aber, der Blick, geriet daneben oder wurde leer, wurde dunkel.

Als Sterbende hatten meine Eltern sich jeweils auf ein Merkmal konzentriert, fiel mir wieder ein; sie hatten in der Unruhe und Unwissenheit dieser letzten Metamorphose versucht, sterbende Erwachsene zu ein. Dieses Bestreben hatte etwas Rhetorisches an sich gehabt und etwas sittsam Eitles. Eitelkeit kommt einem da eigenartig vor, ist aber aus therapeutischen Gründen erwünscht. (Ich wurde als *blaß* bezeichnet, wie ein *blasser Laternenschein*. In Wirklichkeit war ich wohl graugrün. Ellens kleine Hände kämmten und bürsteten mich.)

Von andern Kranken im Endstadium hatte ich in Erinnerung, daß die menschliche Gestalt zu pulsieren schien wie eine sich öffnende und schließende Faust, zu pendeln schien zwischen Kraft und Schwäche, dann zwischen geringerer Kraft und größerer Schwäche – daß der Körper sich auftat wie eine verletzliche, weite Handfläche und sich dann zur Faust umbildete, auf der Suche nach Überlebenskraft. An einem bestimmten Punkt bildete die Faust sich dann nicht mehr um, das Pulsieren endete.

Das Ärgerliche am Tod auf der Türschwelle ist, daß es einem selbst passiert. Und auch, daß man nicht länger der Held seiner eigenen Geschichte ist, nicht einmal mehr deren Erzähler. Barry war der Held meiner Geschichte und Ellen die Erzählerin. Die Geschichte handelte von meinem Tod mitten unter Lebenden – wie ein Stein in einem Garten. Ich wendete die Idee hin und her, daß ich kein Alter haben würde, daß mein Alter sich *nun* ereignete. Ich würde kein Leben haben, zu dem ich erwachen könnte, es sei denn zu dem unvorstellbar intimen des fiebrigen Genius, der das Sterben erfüllt. Meine persönliche Struktur, vergangene Handlungen, was ich getan hatte, was mir angetan worden war – all das lag nun als physisches, abgeschlossenes Muster da. Ich grinste innerlich über meine Nichtigkeit, über die Nichtigkeit meines Lebens. Ich war schwach gewesen und ein Narr. Und insgeheim anfällig für Formen von Pietät. Und ich bedauerte das, doch selbst dieses Bedauern war ohne Kraft; es hatte einen sarkastischen, einen komischen Unterton. Es war gräßlich. *Sag mal, was hast du denn die ganze Zeit hindurch gemacht?* Die Augen quellen einem hervor bei solchen Fragen. Sie zielen auf das ab, was manche Christen «Leibwerdung» nennen – daß einem die volle irdische Schuld oder Last, oder wie Sie es nennen wollen, vor Augen geführt wird. Der Zustand drückte wie eine Klinge auf jede Idee, die mir verfügbar war; die Niederlage und das Von-hier-an bedrückten mich nun mehr als zuvor der Tod, der mir auf der Brust gehockt hatte und mich ersticken wollte. Ich war ein Lebensüberrest, psychisch ohne Heim.

Ich sehnte mich nach ununterbrochenem Schlaf. Barry und ich funkelten uns an wie einander zugewandte Spiegel, ich vergeblicherweise vorläufig wiederbelebt, er in seiner sehr realen, aktiven Pracht. Er beobachtete mich sorgsamer denn je; er erwartete immer noch, daß ich zusammenbräche. *Es ist unvermeidlich*, sagte er einmal.

Ich liebe Barry noch immer, und ich liebe meinen kleinen Lebensüberrest. Allerdings ist es eine Liebe, die nichts Transzendentes hat. Man spürt die statistische Wahrscheinlichkeit am reduzierten Geschmack der Luft, am rein physikalischen Charakter der Momente, am Vergehen der Zeit und am Beben dieses Randes der einem noch verbleibenden Zeit. Ich liebe das bloße Vergehen der Minuten, trockener, trippelnder Minuten. Ich liebe distanziert, ohne Energie; mit der zunehmend amüsierten Beinahe-Verachtung des unbeteiligten Zuschauers. Ich will den Tod nicht loben, aber in unmittelbarer Nähe verleiht er den Stunden eine gewisse Schönheit – die, auch wenn sie keiner anderen Art von Schönheit gleichen mag, überwältigend ist. Nun, da der Tod für eine Weile zurückgewichen war, wurde alles widerwärtig und chaotisch. Das Krankenhaus polterte und ruckte. Der Druck, der auf andern lastete, und ihre Wut schabten und scharrten an meinem Herz. Im Nebenzimmer lag eine Frau, die beharrlich aus voller Kehle kreischte. Man sagte ihr, daß dies sehr störend für die Menschen in ihrer Umgebung sei (Ellen war außer sich), und sie kreischte, das sei ihr gleichgültig. Als die Krankenschwestern vernünftig mit ihr zu reden versuchten, hielt sie gerade lange genug inne, um zu erwidern: «Ich will alle aus der Fassung bringen!»

Die kleinste Sache in meinem Dasein war nicht ohne Ellens Hilfe möglich, nicht einmal das Befestigen des Sauerstoffröhrchens an meiner Nase. Sie bestimmte Minute für Minute, wer und was Zugang zu mir hatte. Manchmal war sie – ausgesprochen unvollkommen – gereizt, wenn ich sie nachts weckte, stachlig, wenn ich mich auf dem Weg zum

Bad in den Infusionsschläuchen verhedderte –, aber ihr Stil blieb immer sanft. Wir stritten uns über die Ernährung: ich wollte üppig essen. Als ich nach drei Jahren meinen ersten Schokoladenriegel verspeiste, hatte das für Ellen etwas von einer Beerdigung – sie *glaubt* an die makrobiotische Diät. Ich glaubte, mein Körpergedächtnis verbinde Gesundheit mit den Dingen, die ich die längste Zeit meines Lebens hindurch gegessen hatte. Ich verzehrte Club-Sandwichs mit Schinken. Ich erklärte ihr, wir seien ohnehin befleckt; ich sei es, und sie durch ihren Kontakt mit mir. Ein glanzvolles Paar seien wir wohl kaum mehr. «Ich betrachte eben mal die guten Seiten», sagte ich. «Wir sind jetzt näher an dem, was nach den weltweiten Statistiken normaler ist, als wir es jemals waren. Ein grauenvoller Tod und die totale Niederlage sind das übliche.»

«Deine Art, die guten Seiten zu sehen, ist schon sehr merkwürdig, Harold», sagte sie.

Derlei gegensätzliche Auffassungen (und Positionswechsel) haben bei uns Tradition. Ellen kann an mein Urteil vielleicht nur glauben, indem sie es weitgehend ignoriert. Wenn sie mich im akuten Falle nach meiner Meinung fragt, glaubt sie regelmäßig nicht an das, was ich sage. *Ach nein*, sagt sie. Ich neige dazu, weniger Einzelheiten zu bedenken als sie, weniger vernünftig und insgesamt weitaus verträumter zu sein, was bedeutet, daß ich ihrem Urteil viel zu sehr oder viel zu wenig vertraue, egal wie sehr ich versuche, ihr gegenüber korrekt zu sein.

Im Krankenhaus fand ich keine Ruhe, ohne daß Ellen mich beschützte, und ohne ihre Hilfe konnte ich weder essen noch trinken oder auf die Toilette gehen. Eine Abhängigkeit, die sich gar nicht so sehr vom Verliebtsein unterscheidet; übertrieben wohl, aber nicht unvertraut. Im allgemeinen schliefen wir abwechselnd in gegenseitigem Einverständnis und im Interesse des andern. (Auch das war für uns nichts Neues. Zu Hause hatten wir nie synchron gelebt: Ich schnarchte und wachte oft auf, besonders wenn ich am Schreiben war, während Ellen gesund durchschlief und sich die Nacht hindurch kaum bewegte. Wir wachten auch anders und zu andern Zeiten auf.)

Was sie für mich tat, hatte ich in ähnlicher Weise für meine Eltern getan, aber in vielen Nuancen war es etwas anderes. Zum Beispiel in Hinblick auf das Denken, die Versuche zu denken: ich benutzte Ellens Willenskraft, ihre Fähigkeit, Zusammenhänge herzustellen, wenn ich irgend etwas begreifen wollte. Und ich hatte – buchstäblich – nicht die Kraft, einen Gedanken ohne ihre Hilfe abzuschließen; allein brachte ich ihn nicht zu Ende. Sie erriet, worauf ich hinauswollte, sie kannte meine früheren Gedanken über das Wesen der Welt und meinen Denkstil, und sie klaubte die Teile für mich zusammen. Und als die Begleitumstände der Krankenhausbehandlung und meines Leidens sie zu erschöpfen begannen, fühlte ich mich erst recht als Krüppel.

Viele der Krankenhausangestellten, die ich kennenlernte, waren Frauen, und mit der Zeit plauderte ich ein wenig mit ihnen, obwohl ich schüchtern und verlegen war und es mich beschämte, daß mein Blut eine Gefahr darstellte. Die meisten von ihnen sprachen von den Schwierigkeiten, die sich daraus ergaben, daß sie als Frauen unter lauter Frauen arbeiteten – von den Rivalitäten, den Kämpfen zwischen sozialen

Klassen und ethnischen Gruppen; davon, wie sie ihren Stolz wahrten und wie findig sie es verstanden, halbwegs zu streiken. Ich begann darauf zu achten, welche Krankenschwestern, Pflegehelferinnen und Putzfrauen ihren Wert eher an ihrer Arbeit ermaßen und welche von ihnen dem Status ihres Arbeitsplatzes Vorrang einräumten. Ich dachte darüber nach, daß es auch bei Frauen, die auf meinem, dem literarischen Gebiet arbeiten, diese beiden Gruppen gibt. Es gab sonst wenig, worauf man sich konzentrieren konnte, es sei denn, man rechnete die offenen Kämpfe dazu, die gelegentlich außerhalb des Zimmers ausbrachen, oder daß jemand im Flur weinte, oder die Kreischerin. Ich wollte nicht, daß die Kinder mich hier besuchten. Ellen und ich hatten noch niemanden in der Familie unterrichtet; wir hatten nicht die Energie gehabt, uns den Kindern zu stellen. Wir hatten weder mit unserem Anwalt noch mit meinem Agenten Verbindung aufgenommen, denn ehrlich gesagt war ich nicht gerade darauf versessen, daß sie sich über unsere Situation ausließen. Mit den Freunden war es ähnlich. Im übrigen konnten wir, wenn wir noch nicht mit den Kindern gesprochen hatten, uns wohl kaum zuerst an Freunde wenden und die Kinder später erfahren lassen, daß wir uns nicht sicher gewesen waren, wie sie reagieren würden.

In manchen Fällen hatte ich besondere Gründe: dieses erwachsene Kind, jener Freund stand kurz vor einem Umzug. Andere richteten gerade eine Hochzeit aus oder arbeiteten hart oder erholten sich noch davon, daß jüngst dieser oder jener gestorben war. Vor allem aber wollte ich niemanden zu Übergriffen ermutigen. Ich hatte nicht den Wunsch, meine Fieberanfälle, meinen kalten Schweiß und meine große Hilflosigkeit zur Schau zu stellen. Ich wollte nicht, daß meine geschlagene, schlaffe, flüsternde Gestalt zum Stoff übertriebener Anekdoten wurde. Ich wollte mich nicht dazu antreiben lassen, angestrengt ein öffentliches Benehmen an den Tag zu legen. Und dann die kollektive Willenskraft der Menschen, denen wir nahestanden – sollten sie eine Phalanx bilden, was ich für unvermeidlich hielt, dann würde ich ihre Beschreibung meiner Lage übernehmen müssen. Es erschien mir zu unsauber und zu schwierig, darüber zu sprechen; oder zwar zu reden, über jene Punkte aber hinwegzugehen; oder von Ellen zu verlangen, daß sie an meiner Stelle mit allen spräche.

Aber meine Entscheidungsgewalt beruhte auf Ellens Kraft, und die ließ unter den Belastungen nach. Ich fand, sie und ich sollten nach Hause gehen und dort allein bleiben. Eines Morgens schrie ich Barry an. Mit der Flüsterstimme, die mir nach einer Bronchoskopie geblieben war. Er beugte sich vor und zog eine Grimasse, um zu zeigen, daß er mich nicht verstanden habe. Umformuliert wiederholte Ellen, was ich gesagt hatte: «Sie haben Wunder für mich vollbracht, aber ich kann das Krankenhaus nicht ertragen.» Barry führte statistische Argumente dagegen an. Zur Bekämpfung der Pneumocystis wurde mir intravenös Bactrim verabreicht, mittels einer tickenden, piependen Maschine, die das Medikament langsam in die Blutbahnen pumpte. Das bräuchte ich noch eine Weile, sagte Barry, obwohl mein Körper es schlecht tolerierte. Angesichts der Nebeneffekte solle man nicht versuchen, es zu Hause zu verabreichen.

Kennen Sie die Verzweiflung, wenn es Ihnen nicht

gelingt, einen Einwand zu formulieren? Ich sagte, ich sei alt, wir seien gebrochene Gestalten, ich brauche Schlaf und meine Träume. Es könne doch nicht so darauf ankommen, wo ich mich befände. Ellen dolmetschte für mich, doch mittendrin begann sie leise zu weinen. Barry nickte gerissen, schenkte mir ein strahlendes Lächeln, dann einen besorgten Blick und fing dann an, meinen Zustand mit ziemlich unheilverkündenden Fachbegriffen zu beschreiben – ein Argument dafür, daß ich im Krankenhaus bliebe. Auf meine Wut antwortete er, indem er sagte, er habe niemals Schönfärberei betrieben, mich nie zu falschen Hoffnungen ermutigt.

Ich sagte: «Sie beschönigen mit allem, was Sie zu mir sagen.»

Ellen blickte neutral drein; sie wollte mich in diesem Punkt nicht unterstützen.

Daraufhin sagte Barry mit ernster, ein wenig müder Stimme dem Sinn nach, er habe mir gegenüber nie behauptet, ich würde es leicht haben, weder jetzt noch jemals wieder; er habe nie gesagt, daß ich keinen bösen Tod haben würde. Sein Ausdruck war «ein schwieriger Tod». Innerlich wurde ich wahnsinnig, als ich ihn so reden hörte, wahnsinnig vor Trauer um mich selbst.

Ellen saß steif da; ihr Blick war gelassen und ausdruckslos.

«Barry, wir kommen hier nicht klar. Wir haben ein Haus in den Bergen, das wir verkaufen müssen. Ich muß mein Testament umschreiben. Wir müssen es den Kindern sagen. Und das werden wir nicht von hier aus tun, und sie werden mich auch nicht mit Schläuchen in der Nase in einem nicht gerade blitzsauberen Zimmer zu sehen bekommen. Und ich muß Briefe an ein paar Leute schreiben und es ihnen sagen. Und ich muß arbeiten – ich muß.»

Barry ließ die Schultern ein bißchen sinken. Er lächelte. «Sie haben schon eine eigenartige Einstellung zu dieser Sache.» Zu Aids, meinte er wohl. Oder zum Sterben.

«Wahrscheinlich liegt's am Prednisone», sagte ich.

Er hatte eine gewisse Achtung für die Unterschiede zwischen ihm und mir. Und mittlerweile kannte er Ellen. Witternd stand er da. Er hielt Umschau in seinem Kopf; dann sagte er, er müsse sich die Tabellen noch einmal ansehen gehen. Nach etwa zehn Minuten kam er zurück und sagte, er werde anfangen, die Dosen von einigen der Medikamente herunterzufahren; und er wolle dafür sorgen, daß wir gehen könnten, sobald die Werte zeigten, daß – ich weiß nicht mehr, was.

Zunächst dachte ich, Barry lüge und fahre die Dosen der Medikamente nicht zurück. Nach ein paar Tagen jedoch glaubte ich ihm; er arbeitete darauf hin, daß Ellen und ich nach Hause gehen konnten. Immer wieder, ein-, zweimal in jeder Stunde, sah Ellen, wie mich diese hilflose Reglosigkeit überkam, so oft, daß sie die beste Zusammenfassung für meinen Zustand darstellte, diese Hilflosigkeit. Wenn Barry hereinkam, leuchtete mein Gesicht streitlustig auf.

«Sie sind auf dem Weg der Besserung», sagte er. «Sie machen sich. Es steckt noch eine Menge Leben in dem alten Kerl.»

«Wir sehen also schon das Licht am Ende des Tunnels, stimmt's?»

«Ist er immer so unmöglich?» sagte er munter zu Ellen.

«Im allgemeinen ist er noch unmöglicher», sagte sie. «Er mag Sie.»

«Helfen Sie mir, Barry. Ich will nach Hause.»

«Am Freitag», sagte er. Wir hatten Dienstag. «Falls alles gutgeht, am Freitag.»

Ganz der Narr und Macho, sagte ich: «Okay, am Freitag. Aber am Freitag verschwinde ich in jedem Fall. Egal, wie's steht, ich gehe.»

«Sie werden nicht gehen können», sagte er mit unerwartetem semiintimem, semibrutalem Humor.

Ich wußte, daß ich im Krankenhaus weder leben noch sterben, weder leiden noch *irgendwie* mit Ellen weiterexistieren wollte. Das Krankenhaus gleicht einem Busbahnhof am Wochenende, voll verrückten, abscheulichen oder teilnahmslosen menschlichen Treibguts. Nach Hause zu gehen dagegen war eine Idee, meine Idee, und sie wurde zum Keim einer Geschichte, die erneut die meine war. Die einzige Art und Weise, in der die bewußte Sprache mit der unzähmbaren Veränderlichkeit umgehen kann, besteht im Erzählen einer Geschichte, bezogen auf die reale Zeit. Dieses war meine Geschichte: Ich war am Ende von Ellens Kraft angelangt, und es war an der Zeit, nach Hause zu gehen.

An Aids zu sterben bedeutet, wie ich bereits sagte, außerhalb einer Tradition zu sterben, in einer Art von Schweigen. Wie grauenvoll es sich in Amerika sozial auswirkt, wenn man Aids hat – Barry deutete dies seltsam eindrucksvoll und nachdrücklich an, indirekt nämlich, indem er sagte, es sei natürlich ratsam, es geheimzuhalten: «Keiner kann damit umgehen. Jeder verändert sich. Sie haben schon mit genügend Dingen fertig zu werden.»

«Ich bin doch *ohnehin* unheilbar krank...» (Ellens Gesten erschienen mir wie eigens angestrahlt; sie starrte zur Wand, weil das Wort «unheilbar» sie so stark berührte.)

«Glauben Sie mir, Sie können noch ein paar gute Jahre haben. Aber es gibt da andere Probleme. Ich habe eine Patientin...» Er sprach von einer jüngeren Frau mit Aids, die einen Mann und zwei Kinder hatte; keiner von ihnen war infiziert. Einer nahen Freundin, die im selben Haus wohnte und deren Kinder mit den Kindern der Frau spielten, erzählte sie von ihrer Krankheit. «Und alles hat sich verändert... sogar zwischen den Kindern. Sie hätte der Frau nichts davon sagen sollen.»

Barry begann Ellen darüber zu unterrichten, welche Apotheken «diskret» seien. Mir wurde klar, daß sie zum Teil deswegen so angespannt aussah, weil sich niederträchtige Dinge auf ihrem Gesicht in einer bestimmten Weise widerspiegeln. Man könnte dies ihr Gesicht der bestürzten Liberalen nennen. Barry bat mich, doch darüber nachzudenken, ob ich nicht noch etwas länger im Krankenhaus bleiben wolle. Ich lag schief auf dem vermaledeiten, unanatomischen Bett, inspizierte das unnötig miserable Essen, ermaß die enorme psychologische Einsamkeit, Halt- und Orientierungslosigkeit der andern Patienten, denen ich begegnete, wenn ich auf dem Flur hin- und herging, um für meine Flucht aus dem Krankenhaus zu trainieren. Dort zu sein tat weh. Schließlich tat ich nur so, als wäre ich tapfer.

Ich sehnte mich nach Passivität, doch ich war nicht dazu fähig. Die Natur sorgt dafür, daß wir bei Geburten oder in der Schlacht ein bißchen wahnsinnig werden vor Aktivität, und dann fürchten wir den Tod nicht mehr – und werden von ihm überrascht. Ich spürte, wie mich eine willentlich herbeigeführte, wahnsinnige Aktivität überkam, eine Form von Anästhesie; ich beobachtete, wie ich geistig in einen Rauschzustand geriet, in dem der Tod zu etwas sehr Amerikanischem wurde, also zu etwas, das harte Verhandlungen erfordert. Ich mußte Vorkehrungen treffen, um die letzten hundert Seiten von *Profane Freundschaft* überarbeiten zu können. Außerdem hatte ich einen langen Roman über das Sterben aus der Sicht eines jungen Mannes begonnen, und dieser Roman war so weit gediehen, daß ich ihn mir noch einmal ansehen und überlegen wollte, ob ich stark genug wäre, ihn zu beenden. Teils der Gefahren, teils der relativen Stille wegen lag oder saß ich nun in jeder Nacht viele Stunden reglos da, das Sauerstoffröhrchen in der Nase, und versuchte zu überlegen, was ich tun, was ich denken sollte.

Ich fand mich nüchtern und uninteressant. Wenn ich jetzt jedoch schlief, träumte ich allmählich Dinge, an die ich mich erinnern konnte. Zuerst waren meine Träume dürftig und voller schwarzer Lücken. Ich wachte in dem Empfinden auf, ich käme aus einer Tintenlache zurück, von halbgeschmolzenen Zeitungszeilen, von etwas Zensiertem, Beschnittenem. Bald kamen in den Träumen Ferien und Besuche vor, Süßes und Behagliches, das sich in Unbehagliches verwandelte. Ich beäugte und erforschte zum Beispiel eine Wand, die sich in Ziehharmonikafalten auftat, und dann flog ich langsam und erregt über eine Klippe und glitzerndes, bewegtes Wasser hinaus – und mir dämmerte, daß diese gedehnte, süße Erregung eine fatale, tödliche war.

In andern Träumen brachen Klippen zusammen, auch Brücken, und ich fiel. Ein riesiger, dunkler Vogel mit prächtigem Schwanz, länger als der Vogel selbst, flog träge über mir, während ich dem Wasser entgegenfiel – durch einen weichen, lichten Raum in eine unsichere Fremde, in der es nichts Stützendes gab. Die Ferienszenen in meinen Träumen hatten wohl damit zu tun, daß ich nun nicht schrieb – mit Untätigkeit als Flucht, mit dem Ende der Pflichten und Genüsse eines Lebens. Der *gute Kampf* um – wie Miss van Matre es mir in der vierten Klasse beigebracht hat – Wahrheit, Gerechtigkeit und Ordnung war vorüber. Dieser absurde, grausame Wehrdienst war vorbei. Das von der Pflicht befreite Ich – ein simpler, maßloser Schwänzer – schwebt dahin und weidet sich.

Wenn ich wach war, redete ich flüsternd, und die ermattende Ellen lauschte mit der Leidenschaft der perfekten Zuhörerin, gewandt und flink im Erfassen von Silben und Syntax – man sah es an ihren Lidern, an Zuckungen, die *Signal empfangen* bedeuteten. Ellen hat immer anders geredet als ich, summarisch, im Stil einer gesellschaftlich geübten Frau, nicht glanzvoll, nicht immer selbstsicher – aber beherzt. Wir hatten uns über die Gräben unserer unterschiedlichen Geschichte, unserer Geschlechtszugehörigkeit hinweg unterhalten... In der Vergangenheit hatten wir die Notwendigkeit von Gesprächen oft nur vorgetäuscht, hatten die Zahl dringlicher Situationen, die angeblich verbal geklärt werden mußten, übertrieben. Im Krankenhauszimmer nahm diese gewohnte Fiktion etwas Ausgefranstes, Gehetztes an, denn ständig wurden wir in unseren Gesprächen vom Krankenhauspersonal unterbrochen.

Sie blieb nicht wegen der zwischen uns herrschenden Wärme bei mir: Ich war viel zu schwach, viel zu beschränkt, um Zuwendung anders zu empfinden denn als fernliegenden Maßstab für das, was nun mit mir geschehen würde. Liebe? Wie liebt man in diesem Zustand? Ich schimpfte Ellen einen Dummkopf und einen Esel; ich erklärte ihr, daß Krankheit und Tod in jedem Fall die Scheidung bedeuten. Sie ignorierte mich.

Sie blieb nicht, weil ihr keine andere Wahl blieb: wir hatten genügend Geld, um eine Zeitlang eine private Pflegekraft einzustellen (und es gibt wohltätige Einrichtungen, wohltätige Menschen und Freunde).

Sie hat mich nicht verlassen; sie blieb und hörte zu, wenn ich mich abmühte zu sprechen.

Meine üble Lage muß wohl die Spanne oder Reichweite ihrer Intelligenz beschädigt haben. Denn mir bei Tag und bei Nacht so nah zu sein, wie sie es war, glich dem Aufenthalt in einem Erdloch, ohne die mindeste Aussicht. Hätte ich vor Schmerzen oder Todesverzweiflung geweint oder laut geschrien oder die Therapie gewaltig verflucht, wäre sie in einem gewissen Sinne befreit gewesen, auch wenn sie diese entsetzlichen Vorgänge hätte ertragen müssen. Vielleicht wollte ich sie nicht wirklich freilassen.

Sie fürchtete, ich könnte mich zu allein fühlen, und bot mir immer wieder ihr Leben an. Ich nahm es hin, nicht immer voll Dankbarkeit. Ich neige zu Klaustrophobie, oder habe dazu geneigt, und vor einigen Jahren hatte ich ihr eines Nachts gestanden, daß ich die Vorstellung, allein in einem Sarg zu liegen, haßte. Und sie hatte gesagt: *Nun ja, wir können uns ja im selben Sarg beerdigen lassen – in einem Doppel-*

sarg. Darauf kam sie nun wieder zurück, und immer wieder sagte sie mir, daß ich wundervoll und ein großer Schriftsteller sei und daß sie mich liebe.

Wenn sie schlief, legte ich mich in meiner steifen Haltung zurecht – noch immer konnte ich den Rücken nicht strecken und die Schultern nicht fallen lassen, der beklemmende Druck in meinen Lungen war zu groß – und versuchte, über das traurige, weichmündige Universum nachzudenken, das so viel Tod enthält. Doch keine Gedanken stellten sich ein. Ich fühlte nichts Geistiges im Raum, nur Ellens Anwesenheit. Im Dunkeln – oder im Licht der Lampe, während Ellen schlief – bemühte ich mich manchmal herauszufinden, warum das extrem Verhängnisvolle an meiner Lage nie auch nur für eine Minute an oberste Stelle rückte; warum Ellen im Weg war.

Als wir uns kennenlernten, erzählte Ellen mir, sie habe als Mutter gelernt, stark zu sein, und ich glaubte ihr das nicht. Sie war von Schwierigkeiten, Drohungen, Lügen und Angriffen auf ihre Seele umgeben gewesen – von den üblichen häuslichen und familiären Problemen, die Frauen betreffen. Sie war zutiefst unglücklich gewesen, aber sie war zurechtgekommen. Diese Erfahrung besessenen Überlebenswillens mochte ja Frauen das Bürgerrecht in dieser Welt eintragen, aber es kam mir ganz unmöglich vor, daß daraus die Stärke dieser feingesponnenen, gewitzten Frau hervorgegangen sein sollte, die willens war, solche Güte in eine beginnende Liebesbeziehung einzubringen.

Jetzt sagte sie: «Wenn ich so an dein Leben denke, daß deine Mutter dir gefehlt hat, und nun das hier...» Und endlich verstand ich, was sie gemeint hatte, als sie sagte, sie habe ihre Stärke als Mutter gelernt: daß dies eine Liebe trotz beinahe allem war, mit einer gehörigen Beimischung von Vergebung. Es ist wirklich recht beängstigend, wenn einem eine gute Frau, eine sinnliche, Elemente von Mütterlichkeit anbietet und schenkt, die man nie erfahren hat.

Sie war mit mir auf und davon gegangen. Und als ihr Sohn krank gewesen war, hatte ihr (ich sage es noch einmal) niemand aus ihrem früheren Leben wirklich geholfen. Sie können sich nicht vorstellen, wie sehr seine Krankheit sie verwundete – ein langsam wachsender Krebs, den er vielleicht schon gehabt hatte, seit er zehn Jahre alt war. Und da die Krankheit als Möglichkeit immer weiterbesteht und sein Leben überschattet, konnte sie dies nicht vergessen.

Ellen und ihr Sohn hatten lernen müssen, den Nutzen von Wahrheiten und Teilwahrheiten abzuwägen. Sie hatten gelernt, aus jedem Zeichen auf den Charakter von Ärzten zu schließen. Ellen hatte abwägen müssen, was ihr Sohn sagte und was die Ärzte und ihr geschiedener Mann sagten. Und was ich sagte. Manchmal hatte sie raten müssen. Am Ende vertraute der Junge nur noch ihr.

Sie und ihr Sohn waren bei bestimmten Prinzipien angelangt, nach denen sie verfuhren. Sie erarbeiteten sich theoretische Vorstellungen zum Phänomen der Krankheit, von denen manche gar nicht so weit von den literarischen und philosophischen Ideen entfernt waren, auf denen mein Werk beruht. In diesem Sinne verfügten wir nun über eine neue, gemeinsame Sprache, und die benutzte Ellen, um mir meine Einsamkeit zu erleichtern. Sie sagte immer wieder, wie gut doch meine Ideen in Hinblick auf Aids funktionierten. Ich glaube manchmal, daß ich in meinem Verhalten ihren Sohn nachgeahmt habe.

O Himmel, wie war ich froh, daß sie nun bei mir war, und wie sehr wollte ich ihr zugleich diesen ganzen Mist ersparen! Ich erklärte ihr, ich wolle, daß sie zu meiner Pflege jemanden anstelle, daß sie Abstand von mir nehme – von meiner Niederlage.

«Ich will nicht, daß Barry mich hierbehält, und das tut er vielleicht, mit der Begründung, daß ich so hilflos bin. Und auf dich wird er hören. Ich will ihn nicht verärgern – er ist der Arzt, den ich will. Aber er weiß, daß du mich nicht die ganzen kommenden Monate hindurch pflegen kannst.»

Ellen sagte: «Ich will aber niemanden anstellen. Ich will keinen Fremden in der Wohnung haben. Ich bin stark. Ich bin Makrobiotikerin.»

«Schau mal, ich brauche eine Pflegerin, die ich herumkommandieren kann.»

Sie setzte ihre entschiedene Miene auf. Sie saß sehr aufrecht da. «Du kannst mich herumkommandieren.»

«Das wäre ja mal was ganz Neues.» Noch niemand hat Ellen je herumkommandiert. (Man kann sie allenfalls manipulieren. Ihre drei Kinder oder ihre vier Enkel versuchten es manchmal aus den verschiedensten Richtungen, und sie ließ es sich gefallen.)

Ich stellte mir vor, sie würde es leid werden, mich zu pflegen – jeder wird es leid, einen andern zu pflegen –, und dann würden wir jemanden anstellen. Sobald ich kein Geld mehr hätte, würde ich mich umbringen.

«Dann laß uns morgen nach Hause gehen», sagte ich. «Keine weiteren Aufschübe mehr.»

«Ich bin jederzeit bereit, nach Hause zu gehen.»

Barry jedoch hielt mich hin und sagte, es dauere noch ein Wochenende, vielleicht sogar noch eine Woche. Mit meiner Flüsterstimme ging ich auf ihn los. Ich sagte ihm, es sei eine verdammte Idiotie von ihm, wenn er mir so hohe Arzneidosen verschrieben habe. Ich erklärte ihm zum zehnten Mal, das Zimmer sei unerträglich häßlich, das Bett zum Schlafen untauglich, das Essen widerlich, und die Nächte seien bedrückend und nahezu beängstigend. Jedenfalls, wenn ich Ellen schlafen ließe. Ich wolle nach Hause und dort sterben oder mich soweit erholen, wie es möglich sei. Ich wolle schlafen und träumen. Ich wolle die interessanteste aller Krankheiten haben, wenn schon nicht in meinem Haus, so doch wenigstens in meiner Wohnung. Ich sei es leid, unbedeutend zu sein. Ich wolle meinen Willen spielen lassen oder völlig willenlos sein, und beides könne ich im Krankenhaus nicht. Ich verspräche, die Medikamente weiter einzunehmen. Ich sagte, ich würde mich anstrengen, weiterzuleben. Ich sagte, ich würde mich weigern, mit irgendwem im Krankenhaus (außer mit ihm und Ellen) zu sprechen oder sonstwie zu reagieren, bevor mir die Infusionsschläuche nicht gezogen seien. «Ich habe genug. Nichts ist von mir übrig, nichts. Nichts in meinem Körper funktioniert mehr. Ich bin Ihnen wirklich dafür dankbar, daß Sie mir das Leben gerettet haben und so weiter, aber genug ist genug.»

Barry schaute zu Ellen hin. «Er übertreibt nicht», sagte sie.

Ich glaube, in diesem Moment begann die Freundschaft. Ich meine, Barry tat, worum ich ihn bat oder indirekt bat –

daß wir in der Frage, was hier tatsächlich die Realität war, von ein und derselben Wahrheit ausgehen sollten. Seine Wahrheit jedoch war zielgerichtet: er wollte die Zeit, die mir blieb, verlängern, wogegen ich meinen Sinn für die Zukunft verloren hatte.

Ich glaube, daß uns letzten Endes Gram umbringt, Gram über die Welt und weil uns nicht geglaubt wird. Überaus lebenspendend dagegen ist, wenn anerkannt wird, daß man tatsächlich die Wahrheit kennt, die Wahrheit seines eigenen, faktischen Lebens. Und Barry änderte seine Ideen über das, was für mich das beste war; er sah es mehr und mehr in unserem, in Ellens und meinem Sinne, und dies so weitgehend, daß er anfing, Ellen zu erklären, was ich in medizinischer Hinsicht tun sollte, und ich währenddessen die Augen schließen und mich ausruhen konnte.

«Sie können nach Hause gehen», sagte er. «Aber Sie werden schwach sein, schwächer als Sie meinen, als Sie sich je vorstellen konnten.» Er machte eine Pause. Dann: «Es dauert vier bis sechs Monate, bevor man über diese Lungenentzündung hinweg ist.» Er sagte, eine Reihe von Faktoren sei bei mir günstig, besonders Ellen, und er verbeugte sich andeutungsweise vor ihr. Sie sah gestreng und pflegerinnenhaft aus. Er sagte, gegen das, was demnächst auftreten könne – er meinte kleine Karzinome und weitere Infektionen –, könne er medikamentös vorgehen.

Ich sagte: «Für eine Weile.»

Er sagte: «Sie haben sich besser gehalten, als vorauszusehen war. Wahrscheinlich hatten Sie die Lungenentzündung schon seit Monaten, vielleicht seit einem halben Jahr. Ihre

Vitalität ist gar nicht übel. Sie sind ein ziemlich kräftiger Kerl.»

Ellen sagte: «Er hat eine kräftige Konstitution.»

Barry ging darauf und auf anderes ein. Er erinnerte Ellen daran, daß sie immer Latex-Handschuhe bereithalten müsse, und sagte ihr, was im Falle einer Blutung zu tun sei. Während er sprach, nahm seine Distanz zu. Er beschränkte sich wieder auf die medizinische Perspektive. Er verabschiedete sich; ich glaube, er nahm an, ich würde mich für eine alternative Behandlungsform entscheiden und nur noch zu ihm kommen, wenn mich eine Infektion bedrohte. Und der Tod. Er sagte noch einmal, Aids-Patienten aus der Mittelschicht hielten es in der überwältigenden Mehrheit geheim, daß sie die Krankheit haben. Er wiederholte, daß ich noch «einige weitere Tage» lang Medikamente in hohen Dosen bräuchte; daß es besser wäre, wenn ich wenigstens noch bis über das nächste Wochenende bliebe.

«Niemals», sagte ich. Dann, weil er nun einmal in dieser Stimmung war: «Sagen Sie mir, wie ich sterben werde.» *Das willst du gar nicht wissen*, las ich aus seiner Miene. Ich hatte jedoch nicht gerade den Wunsch, ganz und gar im Rahmen der Terminologie von Aids und der Emotionen, die damit einhergehen, zu sterben und außerhalb der in meiner Familie traditionellen Todesarten. Zugleich war ich nicht schlau oder stark genug, um mir selbst auszurechnen, wann das Entsetzliche beginnen würde.

«Darüber denken wir später nach. Sie können noch ein paar sehr, sehr gute Jahre haben.»

Ellen stellte ihm nun Fragen zur Ernährung, zu der Möglichkeit wundersamer Heilungen und zehnjährigen Überlebens.

«Halt die Klappe», sagte ich zu ihr. Und zu Barry: «Fünf Jahre sind statistisch selten, stimmt das?»

«Ja.»

«Und werde ich ersticken?»

«Das weiß ich nicht.»

«Aber Sie können mir *halbwegs* versprechen, daß ich mich nach sechs Monaten wie ein Mensch fühlen werde? Und daß ich eine gute Chance habe, noch zwei Jahre zu leben?»

«Sicher. Ja. Vielen geht es ausgezeichnet.»

«Mit andern Worten, vielleicht auch nicht.»

«Ich weiß es nicht.»

«Also, da haben wir's», sagte ich.

«Wenn Sie noch vier oder fünf Tage bleiben, können wir –»

Nun meldete sich Ellen wieder, diesmal mit Fragen zu körperlichem Training und zum richtigen Klima, zu langfristigen Hoffnungen.

Barry sagte nichts. Er sah sie nur liebevoll an.

Ich sagte: «Ellen, laß es sein. Der Sold für Sünde, für sexuellen Schweinkram, besteht nicht aus Wundern. Außerdem ist es so auch weniger strapaziös. Ohne Wunder, meine ich.»

«Barry, sagen Sie ihm doch, daß die Ernährung wichtig ist. Bringen Sie ihn wenigstens dazu, daß er auf Zucker verzichtet.»

«Wie elend wird es mir gehen?» fragte ich ihn.

Barry sagte: «Wir haben jetzt Medikamente, stützende

Medikamente. Eine *Zeitlang* können wir Sie am Leben erhalten. Sie gehören zu den Glücklichen – Sie sind nicht allein, Sie haben nicht ein Dutzend Krankheiten.» Er wollte mir diesen Aufschub verschaffen. Er versuchte immer wieder, ihn zu beschreiben. Ich verhöhnte ihn.

«Sie klingen wie eine Werbebroschüre.»

Er bot mir ein Geschenk an, wie jemand, der einem von einer guten Rezension berichtet, von einer aufrichtigen; oder wie jemand, der einem eine wirklich vernünftige Einsicht zu einer Sache vorlegt, die einen interessiert. Immer wieder berichten einem Ärzte, daß schlechte Nachrichten Menschen mit Aids umbringen und daß bestimmte herrisch-selbstsichere Persönlichkeiten anscheinend länger weiterleben als der statistische Durchschnitt.

«Sagen Sie ihr, daß es keine Hoffnung gibt und daß ich essen kann, was ich will, weil es nicht drauf ankommt.»

Barry sagte zu Ellen: «Ich möchte, daß er zunimmt, gleichgültig, was er ißt.»

«Barry!»

«Ich bin nicht gegen gesunde Ernährung, aber der springende Punkt ist das Körpergewicht», sagte er zu Ellen, die das tapfer hinnahm. Dann zu mir: «Seien Sie nicht überrascht, wenn Sie sich lausig fühlen.»

Ich hatte angenommen, er lasse mich außer acht bei seinem riskanten Versuch, mich über die Lungenentzündung wegzubringen, aber er hatte natürlich intelligent gewettet. Zudem hatte mich die plumpe, ungleichmäßige Art und Weise aufgebracht, in der die Medikamente zeitweilig verabreicht wurden, sowie die Tatsache, daß Barry oft nicht über mich hatte wachen können, weil er nicht da war. Soviel gab ich zu – ich gab zu, daß ich mich psychologisch vereinsamt fühlte, weil ich mir ausgesetzt vorkam, auserwählt für schlechte Behandlung in einem Land der Normalität. Ich versprach, mich zu benehmen und ihm keine Schande zu bereiten, indem ich sofort aufgäbe oder Selbstmord beginge.

Er stammelte beinahe: «Seien Sie nicht überrascht – seien Sie mir bloß nicht überrascht, wenn Sie anfangs nicht viel *tun* können. Aber lassen Sie nicht locker.» Wieder umgab uns Abschiedsstimmung. «Wenn Sie in die Knie gehen, können wir etwas tun – dann geben wir Ihnen ein Mittel, das die Stimmung hebt. Was immer Sie wissen wollen, Sie können mich jederzeit danach fragen.»

«Na schön, danke. Sie haben mir das Leben gerettet. Natürlich heißt das noch nicht viel – die ganze Sache ist Mist, Barry.»

«Die positive Einstellung ist wichtig. Sie beeinflußt die weißen Blutkörperchen. Ich kann Ihnen einen Psychotherapeuten empfehlen, der mit Aids Erfahrung hat –»

Teilweise wurde mir klar, daß er glaubte, ich sei verzweifelt und wütend auf ihn und die Krankheit.

«Die Einstellung ist keine so simple Angelegenheit. Ich möchte die Gewalt über mein Denken behalten. Und ein klein wenig Rationalität. Ich fühle mich beschissen. Und ich möchte schlafen. In einem anständigen Bett.»

Er schenkte mir einen freundlichen Blick, der zugleich ein weiteres finsteres Zeichen war. «Sie sollten jetzt beginnen, AZT zu nehmen», sagte er. Die Ergebnisse für AZT bei Aids mit voll ausgeprägtem Krankheitsbild seien einigermaßen ermutigend.

«Kaufen Sie es nicht in Ihrer Wohngegend. AZT wird nur bei Aids und HIV gegeben, und jeder weiß gleich Bescheid. Ich gebe Ellen den Namen einer Apotheke weiter südlich in der Stadt. Alle Medikamente, die Sie brauchen, sind dort in ausreichenden Mengen vorrätig, und die Preise sind korrekt.»

Ich hatte so ein Gefühl – ein graues, farbloses Gefühl vielleicht, für das mir vielleicht noch die Worte fehlten, es sei denn, Sie wollen innere Schreie und ein vor andern verborgenes schockiertes Luftanhalten als Worte bezeichnen –, daß Barry sich zurückziehe. Er hatte Pflichten im Krankenhaus, schwerkranke Patienten. Es war jedoch mehr als das. Vielleicht sah er innerlich nackten Stolz, Hilflosigkeit und das Ende.

Mein Gefühl war, daß er für einen Sterbenden einen Freiraum schuf. Für das ichbezogene Treiben und den Willen eines Sterbenden. Besser als ich wußte er, was ich in den nächsten Wochen und Monaten erleiden würde. Er bewies sein medizinisches Wissen und seinen Respekt, indem er die Etikette umkehrte und seine Genehmigung erteilte – die Genehmigung, um die ich bat.

Ich wußte, daß ich nicht ihn verließ; ich verließ das Krankenhaus. Obwohl ich vielleicht auch ihn verlassen würde, je nachdem, was ich erfahren würde, wenn ich am Leben bliebe. Ich hatte keine klare Vorstellung von den mittleren Zonen des Sterbens und dem wahren Ausmaß der Erniedrigung – der Erniedrigung vor der Welt. Barry wußte, daß ich dies bald entdecken würde. Die Welt ist weitaus schlimmer als ein Krankenhaus.

Ich konnte kaum zugeben, wie einfach seine Reaktion

doch war: in Wirklichkeit hatte er Mitleid mit uns, mit Ellen und mir. Wir taten ihm leid.

Ellen ging auf der Station umher und verabschiedete sich bei einigen der Krankenschwestern und Pflegehelferinnen. Ich sagte niemandem auf Wiedersehen; ich saß auf dem Bett, ohne Schuhe, sonst aber angezogen, völlig stumm, ohne mich zu rühren. Ellen kam zurück, und ich stand auf, ohne viel Luft zu kriegen – unter viel Gekeuche, als wäre der Raum von aufgescheuchten Krähen erfüllt.

Undeutlich nahm ich wahr, wie entsetzt und beunruhigt Ellen über meinen Zustand war, aber ich konnte es mir nicht leisten, ihre Empfindungen richtig zu entziffern. Ich wäre sonst umgesunken. Ich hielt mich aufrecht und in Bewegung, obwohl mich nur sehr wenig von einer Ohnmacht trennte. Ellen half mir in einen Rollstuhl. Ich machte einen Witz darüber, daß ich schon immer gern einen eigenen Rollstuhl hätte haben wollen, aber das brachte Ellen auf. Sie faucht andere nicht an, aber nun redete sie ein wenig scharf mit mir. Ich wollte nicht wissen, daß es ihr Probleme bereitete, ihren Mann im Rollstuhl aus dem Krankenhaus zu schieben. Ohne es ernst zu meinen, sagte ich, sie schiebe zu ergreifend. Die Krankenschwestern hatten einen Pfleger bestellt, und der tauchte nun auf und ließ mit enormer jugendlicher Energie den Rollstuhl dahinsausen. Müde, wie ich war, erschöpft und hin- und hergekippt, verspürte ich wieder dieses entsetzliche Amüsement, diesmal, weil ich vorangewirbelt wurde.

Draußen vor dem Krankenhaus besaß das Licht ein spürbares Gewicht, und ich blinzelte und fuhr zusammen. Die

Geräusche draußen, die Stadtgeräusche, umschwirrten und zerschrammten mich. Ich kämpfte darum, kontrolliert zu atmen, damit Ellen nicht spürte, in welcher Panik ich mich befand, wie überwältigt von Geräuschen und Licht ich war. Und es war so, wie Barry mir gesagt hatte: ich hatte nicht gewußt, wie krank ich wirklich war – am Sterben, ja, aber nicht, wie krank.

Ich hatte das Gefühl, mich in dem Raum, der sich ringsum ausdehnte, aufzulösen. Im Taxi, in den Straßen beeinträchtigten mich fluktuierende, filmische Bewußtseinsfetzen so sehr – auf der East 72nd Street, der Madison Avenue, auf der West 86th Street, wo die dunklen Mauern der Sandsteinhäuser mir wie flüssig und dann duftig wie Gaze vorkamen –, daß ich mich in meiner Schwäche weit mehr eingesperrt fühlte als zuvor im Krankenhaus mit seinen wiederkehrenden Abläufen. Ich wußte gleich, daß es ein Fehler von mir gewesen war, Barry so lange zu nötigen, bis er mich ein paar Tage zu früh aus dem Krankenhaus entließ, aber ich wußte auch, daß man sich irren und zugleich recht haben kann. Es machte mich rasend, daß ich im Stadtgestank lautlos ohnmächtig wurde und wieder zu mir kam, während das Taxi dahineierte und -hoppelte. Ich hielt mich aufrecht. Mit starrer Miene saß Ellen munter-gesprächig neben mir. «Ich kann nicht reagieren», flüsterte ich. Sie griff nach meiner Hand. Auf halbem Wege nach Hause war mir vor Erschöpfung so übel, daß mir Schmerzenstränen in die Augen traten. Ich hatte keineswegs die Absicht, meinen Fehler zuzugeben. Wenigstens ein halbes dutzendmal sagte ich: «Mann, ist das wunderbar, nicht mehr im Krankenhaus zu sein!» Dann ließ ich das bleiben und fragte Ellen, ob sie es auch schaffe, ob es nicht zuviel für sie sei. Hätte sie ja gesagt, wäre ich umgekehrt. Sie sagte, sie komme zurecht.

Wir schafften es, ich schaffte es bis in die Wohnung, und ich stieg in Kleidern in mein Bett. Ellen zog mich aus, legte die Tabletten und das Notizbuch zurecht, in dem sie über meine Symptome und die Uhrzeit, zu der ich die Tabletten nahm, Buch führen würde. Die Wohnung ist zur Lärmdämmung mit Doppelfenstern und Teppichbelägen versehen. Dennoch, im Vergleich zum Land ist es dort laut. Und still im Vergleich zum Krankenhaus.

Ich döste ein und wurde wieder wach, jedoch mit Unbehagen und ohne vom Schlafen erfrischt zu sein, was so beängstigend war, wie etwa über den Rand der Welt zu fallen – vom Schlaf so gar nicht erfrischt zu sein. Ich ging – schlich, kroch zum Teil – zur Stereoanlage in meinem abgedunkelten Schlafzimmer und legte eine Bach-Partita auf; sie klang hart für mich. Ich schlief, ohne den Schlaf je als heilend zu empfinden, und manchmal, während Musik spielte. Oft lauschte ich lange nur auf die fernen Straßengeräusche und auf Ellens Kommen und Gehen.

Ich stand am Beginn einer heftigen, üblen Reaktion auf Bactrim. Plötzlich hatte ich einen violetten Ausschlag und Fieber. Ich fluchte auf Barry, aber die Wirksamkeitsquote von Bactrim beträgt über fünfundneunzig Prozent, also würde ich es wahrscheinlich später erneut damit versuchen müssen. Von AZT wurde mir übel, aber ich hatte das Empfinden, es errichte so etwas wie eine fast transparente Wand zwischen mir und dem Virus. Krank und schwach, rappelte ich mich jeden Morgen auf und arbeitete für eine Stunde oder mehr an der Endfassung des Venedig-Buchs. Rot und fleckenübersät (eine allergische Reaktion auf die Medikamente) arbeitete ich, und solange ich arbeitete, spürte ich nichts außer einer gewissen geistigen Schwäche und leichter Übelkeit. Das heißt, ich reagierte weder auf die Geschichte noch auf die Prosa: ich mußte mit Erinnerungen an Reaktionen arbeiten.

Manchmal konnte ich überhaupt nicht arbeiten, konnte mich nicht konzentrieren, und dann weinte ich, aber nur ein bißchen, und krabbelte ins Bett zurück; oder ich legte, wenn ich im Bett arbeitete, die Hände über die Augen, blieb still liegen, atmete, döste ein wenig und versuchte dann erneut zu arbeiten. Ich muß zugeben, ich fühlte mich wahrhaftig fluchbeladen. Nach Berichten von Verwandten starb meine Mutter, meine leibliche Mutter, an einem Fluch, den ihr Vater über sie verhängt hatte, ein Wunder-Rabbi. Sie starb, als ich kaum zwei Jahre alt war, nach Monaten der Qual entweder an Bauchfellentzündung, an einer verpfuschten Abtreibung oder an Krebs – je nach der Person, die mir die Geschichte erzählte. Dann holten mich Doris, eine Cousine meines leiblichen Vaters, und Joe zu sich; später adoptierten sie mich. Man hat mir erzählt, Doris habe mich einmal ins Krankenhaus zu einem Besuch bei meiner Mutter mitgenommen, die nach infektiösen Prozessen und Arzneien roch, und ich hätte mich gegen ihre Umarmung gesträubt und mich statt dessen an die parfümierte Doris geklammert; das gerettete Kind hatte scheinbar keine Erinnerung an die sterbende Mutter. (Vielleicht war dies mein wahres Verbrechen, nicht meine Hartherzigkeit gegenüber Joe.) Während ich also zu klären versuchte, wann ich am wahrscheinlichsten mit Aids infiziert worden sein könnte, geriet ich zugleich in eine Stimmung, in der ich mit einem Fluch behaftet und Teil einer endlosen Familiengeschichte von Leid und Grauen war.

Ich fühlte mich von Tag zu Tag schlechter, fast so, als verblaßten mit der Notsituation auch die dafür mobilisierten Kräfte. Endloses Kranksein, ohne daß man stirbt, ist kränkender, als ich mir vorgestellt hätte. Ich wollte, gleichsam als Scherz, eine Version der übermenschlichen Anstrengung zustande bringen, die Ellen sich von mir erwünschte. Nur, wissen Sie, wenn Sie älter werden, vergeht Ihnen irgendwann der Hang zu übermenschlichen Anstrengungen – die haben Sie für Ihr Kind oder in Ihrer Arbeit (übermenschlich für Ihre Maßstäbe) erbracht, beim Sport, in der Liebe oder für jemanden, der krank ist. Und dann ist die Fähigkeit dazu verbraucht. Ellen leistete übermenschliche Arbeit – sie pflegte mich, half mir auf die Beine, an den Computer und wieder zurück ins Bett. Sie kaufte ein, kochte, führte den Haushalt, regelte anstehende geschäftliche Dinge, kümmerte sich um alles Eilige, das anfiel, ging ans Telephon und erzählte den Leuten Lügen über meine Krankheit, versorgte uns mit Essen, machte Konversation und las Korrekturen zu dem, was ich produzierte. Sie beschaffte uns Filmkassetten für das Videogerät, legte sich zu mir und leistete mir Gesellschaft, brachte mir Eisbeutel, wenn das Fieber stieg und mir der Kopf weh tat, führte Buch über die Medikamente, achtete darauf, daß ich sie einnahm und meine Temperatur so maß, wie ich sollte, und wenn ich sie darum bat, sang sie mir vor.

Sie half mir, mich anzuziehen und wieder auszuziehen; sie war nicht damit einverstanden, daß ich den ganzen Tag über im Pyjama blieb. Ihre Allmacht war in dieser Phase (sie mag fünf Wochen gedauert haben) voll entfaltet, ein sanfter Glanz und eine innere Freiheit gingen von ihr aus, die auch mein Gefühl umfaßten, ich sei verflucht und wie verwässert. Ihre Aura war entfernt verwandt mit jener neurotisch-willensstarken Geschäftigkeit tüchtiger Frauen, über die so oft mißbilligend geschrieben wird, und sie hatte wohl etwas Wahnsinniges, diese Unermüdlichkeit, diese scheinbar unerschöpfliche Zärtlichkeit. Offenkundig forciert (oder vielleicht auch nicht), war sie der Wirkung nach weit stärker und dauerhafter als jede intensive Zuwendung, mit der ich je umworben worden bin.

Wir riefen niemanden an. Jedem aus der Familie und allen andern, die anriefen, sagten wir noch immer, ich hätte eine Lungenentzündung; mehr nicht. In recht durchlässiger Isolation tanzten in unserer Wohnung mein arrogantes Todgeweihtsein und Ellens entflammte Sanftmut im New Yorker Licht miteinander. Auch das war wie in der Kindheit, eine Art von Puppenstuben-Spiel.

Dann fragte sie: «Wann sagen wir es den Kindern?» Sie sehnte es nicht herbei – es ist nicht einfach nur peinlich, wissen Sie; es bedeutet den Auftakt zu Kummer, falls sich die Kinder zunächst nicht sonderlich nett verhalten; und wenn sie warmherzig sind und wirklich Mitgefühl zeigen, schämt man sich als Vater oder Mutter, ihnen diesen Dämpfer versetzen zu müssen. Am wahrscheinlichsten ist, daß man sie trösten muß.

«Später. In ein paar Tagen fangen wir damit an. Ich kann noch nicht damit umgehen.»

«In Ordnung.»

Sie verhielt sich vorsichtig, damit ich mir keine Vorwürfe machte. Ich empfand mich als durch und durch abstoßend. Ich verleugnete nun meinen Körper; vornehmlich bestand ich aus Schmerzen und Gerüchen, stockendem Sprechen und den verstohlenen Blicken eines kranken Mannes. In solchen häuslichen, emotionalen Gehegen werden die Wahrheiten oft nicht registriert. Von der Außenwelt dringen gewisse Dinge in den Schutzraum ein; das Fernsehen ist ein Fenster und das Telephon ein murmelndes Schlüsselloch. Irgendwo in dieser Phantasmagorie beschloß Ellen, mich zu wecken.

Ein Kuß – wie seltsam ihre Lippen sich anfühlten, wie voller Leben sie waren. Natürlich, dachte ich, natürlich. Wie ich Ellen empfand, die sinnlichen Empfindungen: die Wärme ihrer Haut, die Glut ihrer mir so nahen Augen – alles an ihr war noch lebendig und voll der stummen Ansprachen, die das Leben hält. Sie war warm und bebte vor Empfänglichkeit. Meine Lippen und Gefühle waren so tot wie die eines verstockten Kindes.

Ich akzeptierte Ellen und ihre Zuneigung als wahr, als so wahrhaftig, wie ich es mir wahrscheinlich nur wünschen konnte. Dies bedeutete, daß wir in der zweiten Woche, die ich wieder zu Hause war – in dieser begrenzten Welt beidseitiger Wachsamkeit und vorläufiger Selbstlosigkeit –, beide erkannten, daß diese Zeit für uns, wenn auch als furchtbare Parodie, Flitterwochen glich und daß wir beide dies akzeptieren konnten, mochte an ihrem Ende nun Leid oder Tod stehen oder nicht.

Vom Leid einmal abgesehen geschah überhaupt nichts Häßliches. Da mein aschgrauer Zustand Ellen nicht störte –

oder sie vielmehr keinen Abscheu zeigte –, wurde ich zärtlicher: Die Leiche legte die Arme um sie. Sie bemerkte die Stärke meines Herzschlags und sprach es aus.

«Ja, auf meinen Herzschlag war ich schon immer besonders stolz.»

Sie küßte mich auf die Lippen und zeigte sich großzügig interessiert und amüsiert. Sie sagte zu mir: «Keiner würde mir glauben, daß dies eine der glücklichsten Zeiten meines Lebens ist.»

Ich brüllte vor Lachen, was meiner unelastischen Lunge weh tat und mir den Atem nahm. Und ich wurde wieder lebendig – für ein Weilchen. Nun ja, warum auch nicht? Wenn es mit den anderen Dingen endgültig vorbei ist, wenn Schweigen und Brutalität die unhöfliche Wirklichkeit bilden, bist du nicht allein. Noch immer wirst du halbwegs als Mensch unter Menschen akzeptiert. Es gibt Dinge, die zu tun sind, familiäre Dinge, literarische Dinge, Sachen, die mit Aids zu tun haben. Ich erledige sie mit den Spuren von Ellens Interesse und Amüsement auf dem Gesicht.

**SOMMER
1993**

Auch dem Sterben ist ein bestimmter Rhythmus eigen. Es verlangsamt und beschleunigt sich. Auf sehr weniges kommt es an, aber dieses wenige ist für mich von gebieterischer Bedeutung. Ich empfinde das mir bevorstehende Schweigen so, wie ich mein ganzes Leben lang das Schweigen Gottes als Gegebenheit und als Quell begreiflichen Entsetzens empfunden habe. Dies ist etwas, das man ertragen muß, das alles, was die Religion behauptet, übersteigt – nicht die Vorstellung, daß man stirbt, sondern die Wirklichkeit des eigenen Todes. Man schult sich darin, das Entsetzen anzunehmen. Es ist die Gestalt, die das Leben zum Ende hin annimmt. Es ist eine Form von Leben.

Mitte Juni war es an der Zeit, es den Kindern mitzuteilen. Ellen und ich haben, zusammengenommen, vier Kinder und sieben Enkelkinder. Sie reagierten auf die Unglücksbotschaft zunächst zu sentimental und fassungslos. Sie ging ihnen zu nahe. Doch niemand machte uns Vorwürfe.

«Oh, du armer Daddy», sagte meine Tochter. Ich sagte, sie dürfe die Nachricht ruhig als grauenhaft schockierend und niederschmetternd empfinden, ich hätte auch dann Geduld mit ihr. Sie sagte, ein grauenhafter Schock sei es nicht – nur: «Mit wem soll ich dann reden? Ich bin mit dir noch nicht fertig.»

Einer der schlimmsten Momente kam, als mich mein Enkel besuchte, ein blonder Vierjähriger mit breitem Gesicht, ein zweites Kind, gescheit und in emotionaler Kriegführung recht erfahren. Ich hatte ihn seit vier Monaten nicht gesehen, und er sah mich hochnäsig an und sagte: «An *dich* erinnere ich mich nicht.» Ich sagte: «Früher war ich mal ein rosa-schwarzes Pferd.» Er guckte mich an, dachte nach oder suchte nach einer möglichen Reaktion, und dann grinste er und sagte: «Jetzt erinnere ich mich an dich», und er kam heran, nahm mich bei der Hand und wich kaum noch von meiner Seite. Das Grauenvolle aber war, daß ich schon nach kurzem, nach weniger als einer Stunde, nicht mehr die Kraft hatte, auf ihn einzugehen oder auch nur so zu tun. Ich bin nicht imstande, geistig für ihn präsent zu sein, werde es nie mehr sein können. Darauf folgten vierundzwanzig schlimme Stunden.

Im Verlauf der Wochen konzentrierte ich mich allmählich auf das, was physisch in mir vorging. Wie Barry vorausgesagt hatte, erholte ich mich so langsam, nahm meine Kraft von Tag zu Tag so minimal zu, daß auch dies auf mir lastete – die Dürftigkeit des Erfolgs. Nach einer Weile konnte ich jedoch am Stock einmal am Tag, manchmal zweimal, um den Häuserblock gehen. Ich schlief sehr viel, aß Nahrhaftes und nahm zu. Ich arbeitete. Ich hatte eine üble Krankheit und war – vielleicht – ein Paria. Andererseits hatte ich einen neuen Roman, ich hatte Ellen, ich hatte einen phantastischen Arzt, und wegen all dem wurde ich nicht – nun, gesellschaftlich ausgelöscht. Wir sprachen von der Möglichkeit, einen Hund zu kaufen, sobald ich besser atmen könnte. Wir hatten bereits ein neues, wirklich gutes Fernsehgerät gekauft – die Popkultur ist unerträglich, wenn sie nicht prachtvoll präsentiert wird, in all ihrer Geschicklichkeit und Größe.

So richtet man sich darauf ein, eine tödliche Krankheit durchzustehen.

Sie sehen, es ging sehr bürgerlich zu – leidvoll natürlich, beängstigend, aber privilegiert. Es war ein glückliches Ende, für eine Weile, meine ich. Wie alle bürgerlichen glücklichen Ausgänge. Ein bürgerliches glückliches Ende ist ohnehin nur für ganz kurze Zeit zu haben.

Es ist niemals einfach, mit jemandem zu sprechen, der krank ist. Auf dem Land, in den Bergen, wohin wir gefahren sind wie früher, begegnen uns der zwei Zentner schwere Bruce Feml, der nie lächelnde Hillard Hommel und die übrigen, allesamt Kirchgänger und alt. Sie blinzeln, strahlen mehrdeutig, glotzen ein bißchen und winken. Und wenn sie sprechen, deutet etwas darauf hin, daß sie mich zwar moralisch nicht billigen, mich aber auch nicht fallenlassen werden. Viele der Männer, die ich sehe, während ich unbeholfen meine Geschäfte abzuwickeln versuche, sind nicht von Haß erfüllt, obwohl ich den Tod repräsentiere, den Tod und die Strafe für Sünden. Manche Leute aus der Gruppe der Sommerfrischler in den Enklaven hier oben verhalten sich selbstbewußter, sogar neckisch: durchtrieben und verblümt. Manche Männer blicken mir fest in die Augen, und oft enthüllen sie mir, beiläufig sogar, einen schmalen, skandalösen Randbereich in ihrer eigenen Familie.

Nach meinem letzten Besuch äußerte sich Barry so ermutigend, daß ich gestern, als wir auf dem Land ankamen – wo es kühler war und ein hübscher Wind wehte, so daß die ungelenken Bäume witzige Bewegungen übten, und wo die Mönchshauben blühten, hohe lila Rispen vor unserer Steinmauer –, völlig außer mich geriet, Sachen schleppte, die Treppe rauf- und runtersauste, und dann zusammenklappte, nicht ernstlich, aber total, für achtzehn Stunden. Es war beängstigend. Aber das glückliche, erlöste Gefühl hielt an.

Ich wiege fünf Kilogramm mehr als Anfang Mai, als ich das Krankenhaus verlassen habe. Jetzt, hier auf dem Land, kann ich gerader stehen; ich atme weniger geräuschvoll. Ich bin weder verzweifelt noch zerschellt. Nicht einmal gründlich gedemütigt. Und manchmal, wenn ich gerade erwache, empfinde ich meinen Körper jedoch tatsächlich so, wie ich ihn als jüngerer Mann empfand, wenn ich wach war – als dieses seltsame, biegsame, langgliedrige, *ausgedehnte* Gebilde von Verläßlichkeit, in dem sämtliche sensorischen Röhren eine leise Salve von Blitzen sendeten und man sich, wenn man allein war, streckte und verlockend darbot. Dieses alte Gefühl, ich sei vom Glück begünstigt, dieses *Wenigstens-habe-ich-das-mag-sonst-passieren-was-will* kehrt wieder, nur nicht in dieser Tempusform des Verbs. Ich habe das Gefühl, Rauch zu sein. Oder wenn mein Blick einen Teil des Flugbogens eines Vogels erhascht, fühle ich, wie ich erbebe und geschwind in einen fliegenden Schwarm zerfalle. Manchmal scheint der Wind in mich zu fahren.

Die meisten Männer, die ich kenne, heterosexuelle und andere, sagen noch immer, ich hätte Glück gehabt, ich käme ihnen wie ein Glückskind vor. Dies ist in andern Bemerkungen mitenthalten. Ein Mann, der mir nicht geschrieben hat, ging so weit, mein *Glück* als Ausrede dafür zu benutzen, daß er meine Bücher im Stich gelassen hat, und er sagte sogar, das sei der Grund, warum er mein Werk nicht ausführlich verteidigen könne. Ich habe ihn eine Weile lang wirklich verabscheut. «Sie lieben Ihre Frau», murmelte er, «Sie können mit ihr leben... Das ist unverzeihlich.»

Wir haben ein großes Holzhaus mit vielen Fenstern in einer Enklave von neunzig solcher Holzhäuser, zumeist zu Ende des 19. Jahrhunderts im überladenen Stil jener Zeit erbaut, Häuser, die oft auf Stützen in den Raum hinausragen oder hoch an der Flanke eines alten, mitgenommenen Berges über einer Schlucht kauern – an einem vielgemalten Gebirgspaß: die Gemälde hießen dann *Der Weg nach Westen* oder *Die Kaskaden von Kaaterskill*. Die wichtigste Straße ins Landesinnere führt über eine steinerne Brücke, die über einem dreißig Meter hohen Wasserfall schwebt. Die Luft ist rein und ständig in Bewegung, wie immer an einem Gebirgspaß; die Paßwände bilden Schleusen und Kanäle für die unaufhörlich umschlagende Witterung. Das Haus ist eine architektonische Narretei: es hat fünfundsiebzig Fenster. Ich bin nicht der einzige Sterbende in «The Park», wie die Enklave heißt. Ein paar Häuser weiter unten wohnt ein Mann von Mitte Siebzig mit Lungenkrebs im Endstadium. Er besteht vornehmlich aus einem grünlichen Schädel, und wenn er öffentlich in Erscheinung tritt, ist er ärgerlich und zieht wütende Grimassen: «Das Leben ist nichts als Schmerz», hat er zu mir gesagt.

Während ich dies schreibe, weht draußen eine leichte Brise, und das vom Fenster quadratisch gerahmte Stück grünen Berghangs flirrt wie ein Augenlid.

Kann irgendwer die Eigentümlichkeit des Schicksals verstehen? Barry sagt, man sollte das normale Leben nachahmen, das Leben, das man zuvor geführt hat. Mich würde es zerreißen, wenn ich so täte, als wäre ich gesund oder halb gesund. Vielleicht hilft so eine Verstellung jungen Leuten mit Aids ja weiterzuleben – ich bin einer der ältesten Patienten, die Barry behandelt hat.

Das Leben, das man zuvor geführt hat. Erst vor einem halben Jahr, Ende Januar, sind wir nach drei Monaten im Ausland nach New York heimgekehrt. Ich als ein langer, kaputtgesessener Schlappsack, der aus einem mittelgroßen Jet tauchte, einem dieser fliegenden Slums. Ich weiß noch, wie es war, wieder einzureisen, das komplizierte System von Behauptungen und Entgegnungen wieder anwerfen zu müssen, der mentalen und physischen Aggressivität, die in New York erforderlich ist.

Jeder Ort, an dem Ellen und ich gewesen waren – Berlin, Venedig, Rom –, besitzt sein eigenes Binnensystem aus ineinandergreifenden Aggressionen und Gewaltsamkeiten, kultiviert sie auf seine eigene berühmte Weise. Auf Roms Flughafen Fiumicino wurde ich auf den Gladiatorengeist eingestimmt und in Berlin-Tegel auf eine erbarmungslose, Befehle erteilende Xenophobie. Die New Yorker Systeme funktionieren in diesen Städten nicht – Sie verlieren die Übung im Umgang mit den New Yorker Systemen, es sei denn, Sie wohnen in Hotels, die sich auf Ihre Klasse und Nationalität spezialisiert haben. Haben Sie sich als Reisender jedoch in andere Städte versenkt, gleicht die Rückkehr nach Manhattan, in das heimatliche Ghetto Ihrer Wahl – verbitterte Taxifahrer, unter Hochdruck stehende, geliftete alte Damen, verrückte Hausbesitzer – einem Sprung in die Hölle, zumal wenn die Zeitverschiebung Ihnen noch zu schaffen macht.

Die Selbstbehauptung der Einheimischen gehört zu dem mystischen Wunder der Stadt. Und das beginnt mit der überwältigend befremdlichen Erfahrung, einen New Yorker Flughafen zu benutzen. Weshalb sehen wohl Ihrer Meinung nach die Zöllner und die Angestellten, die einem bedeuten, an welchen Schalter man mit seinem Paß gehen soll, so traurig aus? Die Aggressivität zwischen ethnischen Gruppen beginnt ebenfalls schon am Kennedy Airport. Bei diesem Mal drängte sich ein fliegender Trupp weißer angelsächsisch-protestantischer Heroinen in die Schlange der Leute, die auf Taxis warteten, und mußte von einem russischsprechenden Golfhut-Träger im bonbonfarbenen Rollstuhl mit phänomenal kampflustigem Gerechtigkeitssinn verjagt werden. Zuvor hatten Italiener die besten Plätze am Gepäckkarussell erobert, einen mit den Ellbogen verdrängt, mitleidig angeschaut. Und die stillschweigend wütenden, wirklich gut gekleideten Franzosen schnitten einem mit ihren Gepäckkarren den Weg.

Wenn Ihr Taxifahrer nicht angriffslustig ist, kommen Sie niemals vom Kennedy Airport weg. Schamlos werden die Fußgängerüberwege blockiert und Ampeln ignoriert. Niemand verhält sich kooperativ. Freundliche, liberale Fahrer, die sich weigern, in diese schamlose Masse vorzurücken, verursachen an den Kreuzungen Blockaden. Dann entlang der Schnellstraße die visuelle Pest, welche das große Geheimnis birgt, daß einem ein flüchtiger Blick auf die unglaubliche Skyline von Manhattan gegönnt sein wird – die

Türme unter einem weiten, mit Flugzeugen getüpfelten Himmel, mit kreisenden Seevögeln und dem Tumult von Wolken und Licht, samt einer fahlgelben Aureole von verschmutzter Luft um die Türme selbst.

Auf schmalen Straßen und an den Ampeln finden Verkehrsduelle und Verhandlungen statt, wird getobt und gedeichselt. Mit Gewißheit ist das baumlose Manhattan die Heimat des nackten Ego, dieses amerikanischen Nationalvogels. Offenbar sind unterschiedliche Aggressionsstile letztlich geschlechtsbezogen. Das Virilitätssyndrom unterscheidet sich von dem exotischen Nicht-männlich-aber-zum-Anschauen-Syndrom, unter dem Frauen leiden. Die New Yorker Frauen leugnen das Moment von Exotismus oder übertreiben es. Leugnung und Übertreibung, männliches und weibliches Mißtrauen gegenüber beidem: hieraus besteht weitgehend das psychoanalytische Fundament der Kultur New Yorks. Was einem jedoch nach langer Abwesenheit am meisten auffällt, ist der offensichtliche männliche Behauptungswille, beginnend mit den Maßen und der Gestalt der Wolkenkratzer, und der Umstand, daß sowohl die männliche als auch die weibliche Anmaßung sich in einer anhaltenden Krise befinden. In New York ist es beinahe unmöglich, so reich zu sein, daß man sich im Hinblick auf sein Geschlecht wohl fühlen kann. Sie müssen so reich sein – das heißt, Ihr eigenes Flugzeug und Ihren Privatchauffeur haben –, daß Sie der Gesamtszene kaum angehören, sie höchstens mit Blicken streifen. Jene unter uns aber, die so reich nicht sind, kehren ebenfalls nicht eigentlich nach New York zurück. Wir kehren zurück in eine Festung, in einen willentlich isolierten, spezialisierten Teil der Stadt.

Aufgelöst von akuten Unzugänglichkeitsgefühlen und Adrenalin traf ich an meinem Apartmentgebäude ein. Diensthabender Portier war der Hindu. Der Portier aus Guatemala, dessen Schicht zu Ende war, fuhr gerade in Helm und gesteppter Tyvek-Jacke ab; er fährt ein BMW-Motorrad. Der rumänische Portier, der unseren Briefkastenschlüssel hatte, war nicht da. Der Heizkessel war «halb kaputt». Polnische Arbeiter klopften auf dem Dach herum. In dem Exemplar der *Times*-Wochenendausgabe, das ich kaufte, fehlten die Literatur- und die Modebeilage, was ich so deutete, daß mir geraten wurde, das darin Abgehandelte gar nicht erst zu lesen. Das makrobiotische Restaurant in der Nähe war überfüllt mit Leuten, die makrobiotisch mit den Faktoren Virilität und Exotismus umgingen. Der Wind war kalt und aggressiv.

Anton, der rumänische Portier, ist ein wirklich konkurrenzfähiges menschliches Wesen. Er hat ungefähr soviel Sinn für Klassenunterschiede wie ein Elefant. Aber er besitzt ein außergewöhnlich waches Gespür für Macht und wittert jede Bedrohung. Solange ich an der Zeitverschiebung litt, konnte ich meinen Zustand an seinem Verhalten ermessen – je nachdem, ob er mütterlich oder ausweichend, amüsiert oder respektvoll war.

Ich weiß noch, einmal sah ich ihn, und er sagte: «Na, sind Sie auch gewappnet für den Wahnsinn?»

Hier auf dem Land sind meine Stimmungen ausgeglichener, als sie es in der Stadt je waren; es scheint zunächst, als rüttelten und zerrten weniger Reize an ihnen; in Wirklichkeit aber ist es so, daß sie auf andere Weise angetrieben werden.

Inmitten von Bäumen funktioniert die Energie anders. In der Stadt ist nichts jemals völlig geklärt. Und das Leiden, der Tod anderer wird unerträglich. Wenn ich die Literatur zu Aids lese oder durch die Straßen gehe, beginne ich, die Fassung zu verlieren; Trauer überall. Auf dem Land wird der Leib zu Gras, und die Grashalme sinken dem Herbst entgegen. Mein Bett steht in einem Erker mit fünf Sprossenfenstern, und die Millionen von Blättern an den Bäumen nahebei schicken sich träge an zu tanzen. Natürlich sterben sie und ich um diese Jahreszeit alle gemeinsam. Wie ich das Schweigen – hier kann ich es zulassen – der Landschaft höre, sammelt sie sich, um zu sterben. In diese Stimmung zu geraten ist so, als ginge man zur Kirche oder verbringe den Tag im Wind und schaue in steile Tiefen, kreisende Falken – und Geier – über sich. Vor zwei Wochen sahen Ellen und ich auf der Landstraße eine sehr, sehr niedrig, knapp über unseren Köpfen fliegende junge Eule, den Kopf voraus, mit matt schimmerndem Schnabel.

Früher einmal interessierte ich mich für Vogelbeobachtung, und mir fiel auf, daß ich einen Vogel, den ich zum ersten Mal sah, nicht wirklich sehen konnte, weil ich für ihn kein Formschema, kein Wahrnehmungsraster besaß. Ich konnte mich dann auch nicht deutlich an ihn erinnern. Hatte ich den Vogel jedoch identifiziert, erzeugten die Zeichnungen in den Vogelbüchern und mein eigener Ordnungssinn ein Bild, machten mir den Vogel klarer, und ich vergaß ihn nie mehr. Von da an konnte ich den Vogel auf zweierlei Weise sehen – als frischen, musterlosen Eindruck und als sortierten. Nun, den nahen Tod sieht man auf eine Weise, die sehr der ersten gleicht.

Meine Agentin Deborah Karl war gestern hier und löcherte Ellen ein bißchen, sie solle ein Tagebuch führen: ich glaube, Ellens Interesse ist angestachelt. (Ich bin drauf und dran, wieder einmal abzuschweifen.) Oft rufen die Kinder und alte Freunde sie an, fragen, wie es stehe und wie es mir gehe, und meistens bin ich zu müde, um zu sprechen. Ellen wird geübt darin, bündige Berichte abzugeben, die Teile eines Tagebuchs bilden könnten. Dennoch, wenn ich ihr nicht ausdrücklich sage, sie solle mich in Frieden lassen, ist sie fast jede Minute bei mir, nicht vollständig wachsam, doch nahezu im vollen emotional-psychologischen Ornat unserer gemeinsamen Jahre, bereit zu streiten, sich zu unterhalten, herumzukramen und mich vom Lesen abzuhalten, um zu beweisen, wie verlockend sie doch ist und daß mir noch immer nicht alles gleichgültig ist. Ich glaube, am melancholischsten ist sie wegen meines Todes, wenn wir im Erker unten nebeneinander auf den beiden Sofas liegen oder auf dem Bett hier oben, in dem Erker, der über demjenigen im Erdgeschoß liegt, und lesen, Seite an Seite, von Fenstern umgeben. Traurig macht sie, daß das physisch elektrisierende Moment und dasjenige von Wettbewerb – daß ich die Seiten in schnellerem, snobistischerem Tempo umwende, als es ihr gelingt, und der Austausch von Bemerkungen, die zu irgendeiner Form von Berührung führen können – einer sanften Ergriffenheit gewichen sind, einer durchaus bemerkenswerten, aber nutzlosen Süße. Dieses Nutzlose führt zu seltsamen kleinen Ausbrüchen von sehr bemerkenswertem, jedoch inaktivem Glück. Tatsächlich läßt sich schwer vermitteln, wie tief befriedigend und *unruhelos*, wie immens *monumental*, barock sogar, solche häuslichen Momente sind, wenn sie ein Ende in sich und nicht mehr Teil eines ehelichen Dialogs sind, der sich mit Tagen und Wochen, mit der Zukunft beschäftigt.

Das Schreiben nimmt mich mit, und Ellen merkt es und fordert, ich solle damit aufhören. Sie sagt, es komme auf nichts an als mein Wohlbefinden; daß wir noch Zeit oder keine Zeit für diese Art von Tätigkeit haben – jede dieser Aussagen, fällt mir auf, bedeutet das gleiche. Manchmal höre ich auf, manchmal jedoch bestehe ich darauf, fortzufahren, ganz der Mann, der bestimmt. Ich existiere. Auf mich kommt es *jetzt* an. Ellen begreift, daß das Schreiben, die hinblickende und schwach strahlende Unmittelbarkeit der Sprache, schmerzstillend wirkt. Ich bin ausgefranst vor Emotionen – vor unbeschreiblicher Unrast –, und ich bewege mich in einer Abfolge von Momenten, aus der nichts logisch folgt.

Die Zukunft ist mein Nachlaß. Das Vermögen, das ich diesem und jenem hinterlasse, besteht aus dem Freiraum, den ich ihnen einräume, indem ich gehe. Ich bin Harold Brodkey. (Ich bin jetzt sogar auf meinen eigenen Namen eifersüchtig, auf die gedruckten Lettern; es ist eine milde Eifersucht, aber sie durchströmt mich, und für eine Sekunde oder zwei weiß ich nicht recht, was ich mit der pulsierenden Hitze anfangen soll, die damit einhergeht.) Oft tue ich lange nichts. Ich liege im Bett oder auf der Veranda. Ich starre zum Tod hin, und der Tod starrt mich an.

WINTER
1993 / 94

Mein zweiter *New Yorker*-Essay zum Thema Aids ist gerade erschienen. Barry wünschte noch immer, ich wäre damit nicht an die Öffentlichkeit gegangen. Er möchte nicht, daß ich sonst jemandem rate, an die Öffentlichkeit zu gehen. «Von allen meinen Patienten hat niemand, nicht einer, gute Erfahrungen damit gemacht», sagt er strikt. Ich habe ihm nichts von den Angriffen in den Medien und von den unerfreulichen privaten Äußerungen erzählt. Auch nicht von der Gleichgültigkeit. (Ein großer Verleger schrieb: *Höre mit Bedauern Ihre schlechten Nachrichten. Wenn Sie mal nach Downtown kommen, lassen Sie uns zusammen lunchen. Ich übernehme die Rechnung.*) Auch nicht von der Erfahrung, die ich wiederholt gemacht habe – daß ich erkläre, wie es sich mit Aids und der Lebenserwartung verhält (natürlich fragt mich niemand, wie das Virus übertragen wird), und nach solchen Sitzungen moralisch glatt zusammenbreche. Schließlich hatte Barry mir warnend vorausgesagt, daß mein Zustand, wenn ich ihn öffentlich bekanntgäbe, eindeutig zum Zentrum meines Lebens würde. Ich hatte zu ihm gesagt, daß es therapeutisch nicht von Vorteil sei zu lügen. Daß die Wahrheit eine Form von Liebkosung ist. Daß zu lügen unter anderem ein konservatives Verhalten ist. Wir hatten uns darüber bei mehreren Visiten gestritten, während er Stifte und Kugelschreiber in die Tasche seines weißen Kittels steckte.

Das bourgeoise Leben drängt mit überwältigender Macht auf Lügen und Verheimlichung. Ein Haus, ein Büro ist eine Bühnenkulisse. Ich meine, daß die meisten Dinge, die verborgen werden, willkürlich ausgewählt werden, von jeder Familie, jeder Person. Daß Menschen Geheimnisse haben und sie beichten, macht *tiefe* Bindungen im Grunde aus. Die Wahrheit zu sagen wird niemals uneingeschränkt empfohlen. Und nun dies. Man könnte mit Aids vielleicht länger leben, als für einen – medizinisch betrachtet – vorgesehen ist, indem man keinem sagt, daß man Aids hat. Das jedenfalls ist die Theorie. (Doch andererseits ist es vielleicht im Leben generell so, daß Sie zum Teil dadurch überleben, daß Sie sich nicht von anderen umbringen lassen, und das ist ganz schön hart – diese ganzen Wendemanöver zur Entwaffnung von Widersachern, oder?) Wenn man Aids hat, wird einem gesagt, ist es wahrscheinlich unklug, sich zu der Belastung durch die Krankheit selbst – die, wenn Sie so wollen, ein ganz unglaublich instabiler Zustand ist – noch weitere Strapazen durch öffentliche Häutung aufzubürden. Manchmal ist davon die Rede, daß Aids sich in Relation zu diesen äußeren Faktoren beschleunige oder verlangsame. Wenn Sie lügen und leugnen, daß Sie krank sind, hilft Ihnen das, weiterzuleben – es hilft Ihnen, weiterzukämpfen. Wenn Sie lügen wollen, bedeutet das natürlich, daß Sie eine Fassade, eine Kulisse errichten müssen. Die einzige andere Vorgehensweise besteht darin, daß Sie zum Aktivisten werden; Sie werden in gewisser Weise skrupellos, und Sie überleben noch eine Weile. Ich verstehe nun, warum Barry so glühend

(glühend für seine Verhältnisse) Verschwiegenheit empfohlen hat und sagte, es gebe nur einen Grund, an die Öffentlichkeit zu gehen – daß man vorhabe, Aktivist zu werden, in diesem Krieg zu dienen.

Ich möchte nicht als taktischer Lügner sterben, obwohl ich das, hätte man die Wahl, dem Märtyrertod vorzöge. Ich glaube, wir alle konzentrieren uns auf die «Überlebenden» oder auf die Statistiken, die deren Erfahrungen für uns sichtbar machen, und hoffen, wir seien wie sie. Doch wie mißt man die Wirkung der Wahrheit im Vergleich zu der des Lügens? Bislang ist wenig darüber herausgefunden worden, welche Art von Leuten Überlebende sein werden. Oder vielmehr, zum Überlebenden werden Sie, indem Sie weiterleben, indem Sie bei der Beerdigung anderer noch auf den Beinen sind.

Ich möchte lieber offen sein, was Aids angeht, und die öffentliche Erniedrigung höhnisch abtun, als die wahre Erniedrigung des Lügens erfahren. Ich möchte lieber diesen Tod, soweit ich kann, zu einem Tod wie jeden anderen machen. Jegliche Kultur ist auf den Tod ausgerichtet, was immer sie behauptet. (Ich bin auch davon überzeugt, daß «der sexuelle Skandal» in Amerika allgegenwärtig ist, oder doch nahezu.) Es gefällt mir, daß mir die Leute in Barrys Wartezimmer und in den Röntgenräumen unten jetzt offen zulächeln und nicht tuscheln. Sie fragen mich geradeheraus, wie es mir geht, und stellen laut fest, daß ich zugenommen habe. Dies sind die beiläufigen und doch gar nicht so zufälligen Freundlichkeiten, die damit einhergehen, daß man diese Sache hat.

Mit jedem Monat, der vergeht, glaube ich mehr, daß Ellen für ihre Allmacht ein Territorium braucht, einen Ort, wo sie als das endgültige Gesetz, dem nicht zu widersprechen ist, freundlich, grimmig oder gnädig sein kann; und wo ihr Zynismus und ihre etwas kalten Urteile unwesentlich (wie die meinen) sein und verborgen bleiben können – wo sie nicht als Vergehen gegen andere an die Oberfläche kommen. Sie haßt sich, glaube ich, dafür, daß sie in der Welt weder Geldverdienerin noch Kämpferin ist. Sie stellt eine Melange aus Fleiß und Tugend dar. Manchmal möchte sie von einem anderen Menschen gerettet werden. Sie kann erstaunlich egoistisch sein, indem sie etwa die Schuldgefühle eines anderen ignoriert; sie lacht und wendet sich ab – ihre Art, Urteile zu fällen. Ihr Verstand und ihre Einschätzungen von Menschen sind unsentimental, aber sie spielt – äußerst gefährlich – mit Pauschalurteilen. In technischen Dingen ist sie so gut wie blind; sie starrt vor sich hin und müht sich unverzagt und schnaufend ab, geblendet und ohne eine Meinung. Und sie kann geradezu übermenschlich sein. Mir gegenüber ist sie es, und ich habe sie auch gegenüber ihren Kindern und Enkeln, ihrer Mutter und Schwester so erlebt. Ich habe keinem Menschen mehr so vertrauensvoll nahegestanden, seit meine leibliche Mutter gestorben ist.

Ich kann beispielsweise sagen: «Ich mache mir keine Vorwürfe – ich habe nicht die Energie, mir Vorwürfe zu machen», und Ellen weiß gleichwohl, wie vollkommen verfahren alles ist; sie weiß auch, daß zwar der Tod sich für eine Weile zurückgezogen hat, das Leben jedoch keineswegs dessen Platz einnehmen wird. Und doch hat sie eine völlig andere Vorstellung von Krankheit. Sie geht von einem

Amalgam aus Unterwerfung und Disziplin aus, wobei sie ständig offen im Sinn hat, der Krankheit zu entkommen – sogar kühne Ausbruchsversuche zu unternehmen.

Ich erinnere mich an einen Abend – im letzten Frühjahr, vielleicht ein paar Wochen nachdem ich das Krankenhaus verlassen hatte und als ich begann, mich etwas früher als erwartet ein wenig besser zu fühlen –, an dem wir so gegen acht Hand in Hand im Wohnzimmer saßen und fernsahen; und zum ersten Mal, seit wir erfahren hatten, daß ich Aids habe, fragte Ellen: «Liebst du mich?»

Ich wandte mich ihr zu, sah ihr ins Gesicht und sagte, darauf kann es doch jetzt unmöglich ankommen, oder etwas dergleichen. Und: «Ellen, ich fühle mich so abstoßend, zu untermenschlich, um über *Liebe* zu reden. Und ich hab es dir doch gesagt: Ich habe das Gefühl, alles ereigne sich in einer flachen Welt, einer zweidimensionalen, ohne Zukunft, ohne Farbe. Offensichtlich weiß ich zu schätzen, was du tust. Offensichtlich liebe und bewundere ich dich. Aber ich bin ein Wohlfahrtsempfänger.»

Vielleicht habe ich dies in fünf einzelnen Äußerungen gesagt, erst ernst, dann ironisch, dann entschuldigend und im Bewußtsein meines schwindenden und ihres (im häuslichen Rahmen) allmächtigen Status. Und ich keuchte. Und griff in gewisser Weise nach der Macht.

«Magst du mich küssen?» sagte sie.

«Ellen, ich bin verseucht. Viren krabbeln in mir herum, scheußliche – scheußliche, wuselnde Biester. Ich stinke zum Himmel. Ich möchte niemanden küssen...»

«Ich habe dich gebadet. Du riechst nicht.» Dann versuchte sie auf andere Weise, eine Verbindung zwischen ihrer und meiner Welt herzustellen: «Sag mir, daß du mich liebst.»

«Warum denn? Glaubst du, ich sterbe schon? Meinst du, wir sollten besser gleich richtig Abschied nehmen?»

«Nein. Natürlich nicht. Ich möchte es einfach nur wissen. Ich möchte, daß du es mir sagst.»

«Natürlich liebe ich dich. Und was bringt's? Die T-Zellen lassen sich von Liebe nicht beflügeln.» Sie versuchte, mich zu heilen.

«Psst, das weiß ich doch», sagte sie. Ich empfand ihr Wissen wie einen klaren, zarten Lufthauch, wie eine Antwort auf meine beschämte, apologetische Reaktion. Ellen rückte näher. «Sei nicht so schwierig.»

Ellen zieht einen nie auf, und sie drängt sich nie auf, das ist nicht ihr Stil. Daher war dies nun fremd, schwindelerregend. Ich fühlte mich bedrängt und provoziert.

Daß sie so tat, als wäre ich sexy, zählte nicht. Mein ausgehöhlter, grauer Zustand war peinlich offenkundig. Ich machte einen Scherz darüber – «Ich bin ein toter Mann», sagte ich. Was ich an Mitleid nur aufbringen konnte – Mitleid mit mir, weil ich fortgehen würde, ohne es zu wollen, und mit ihr, weil sie zurückbleiben würde, stückelte ich zusammen und sagte in Zeitlupe: «Ich liebe dich. Ich habe dich immer geliebt.»

Jeder von uns konnte ermessen, wie fiebrig leblos ich war. Wir können beide die Gedanken des anderen erfühlen, die Regungen von Verrat, von Untreue in Form mangelnder Aufmerksamkeit sowie – und das ist schlimmer – das Ausbleiben von Verrat, von Untreue, mit Ausnahme meines robusten Interesses am Tod.

So aufrichtig man sich auch zur Abhängigkeit bekennt, die ganze Persönlichkeit – mit all ihren Konstruktionsfehlern und beschränkten Fähigkeiten – begehrt früher oder später auf: sie möchte berührt und erkannt werden. Kleine Impulse von Eigenliebe und Lust, Ellen zu necken, zuckten in mir auf. Diese Regungen von Mutwillen und Unlust, mich zu entschuldigen, bedeuteten, daß ich Ellen – und Barry – glaubte: es kam noch auf mich an, ich war noch nicht ganz tot. Der Verlauf und die Begleiterscheinungen der Krankheit, die diversen Ausschläge und anderen Symptome, mein Aussehen, die Unschärfe meines Gesichts – dies alles hätte mich wahnsinnig machen können vor nervöser Angst und Ichbezogenheit, aber ich schätzte meinen Zustand ein, indem ich Ellen beobachtete. Und sie neckte. Seit ich begonnen hatte, Bücher zu veröffentlichen, hatten wir keine Zeit mehr gefunden, so unschuldig miteinander umzugehen. Wir hatten keine Zeit erlebt, die so wenig Häßliches enthielt.

Die öffentlichen Verpflichtungen, die ich in gewissem Maße einging, waren ganz angenehm oder aber pure Unlustbarkeiten. Probleme lauerten überall im Schatten, in den Zimmerwinkeln – Geldprobleme und solche, die sich aus dem ergaben, was gewisse Leute über mich sagten und uns antaten, und die Frage, ob die Anomalien in meiner Lunge von Krebs oder Kryptokokken herrührten oder harmlos waren. Währenddessen hatten wir unsere innigen Momente. Sie stellten sich den ganzen Tag über ein, erreichten aber sozusagen ihren Höhepunkt immer abends, wenn wir Hand in Hand nebeneinanderlagen und fernsahen und einer von uns sagte: «Wir haben es doch wirklich ganz gut, nicht wahr? Oder bilde ich mir das nur ein?»

Dann sagte der andere: «Nein, das bildest du dir nicht ein. Ich fühle mich auch gut.»

«Ich fühle mich zwar richtig beschissen, aber in Wirklichkeit – hm, verstehst du? – ich bin nicht oft so glücklich gewesen», sagte ich eines Abends. Körperlich fühlte ich mich beschissen, darunter jedoch war ich glücklich. Oder vielleicht war es so, daß ich glücklich, überlegen, hoch über den brennenden Schlünden der Krankheit schwebte. Behaglich. Zu Hause.

«Ich weiß. Es ist schon sehr seltsam», sagte Ellen. «Aber ich würde sofort darauf verzichten, wenn deine Gesundheit dafür zu haben wäre.» Sie lachte ein wenig. Dann beugte sie sich herüber und küßte mich. «Das ist wirklich furchtbar», sagte sie mit ihrer allmächtigen Engelsstimme. «Das ist wirklich furchtbar», sagte sie mit ihrer allmächtigen Mutterstimme. «Sag mir, daß du mich liebst», sagte sie mit der Stimme einer einsamen, normalen, verletzten Frau.

Ein lästiges Geräusch in meiner Brust. Es hängt mit der Rippenfellentzündung zusammen. Drei Monate sind vergangen, seit ich das Krankenhaus verlassen habe. Ich suche Barry auf, der meint, er würde mir gern eine Nadel zwischen den Rippen durchstechen und allerlei Tests durchführen. Ich sage, wir sollten uns nicht krampfhaft bemühen herauszufinden, woher das Geräusch komme. Wir warten noch ab. Das Geräusch verschwindet. Ich gehe wieder zu Barry. «Lassen Sie mich Ihren Brustkorb abhören», sagt er. «Wir machen eine Röntgenaufnahme.»

«Himmel noch mal, warum so neugierig sein, wo es doch weg ist? Was sind Sie neugierig.»

«Sie haben da drinnen tatsächlich etwas gehabt. Ich möchte mich vergewissern.»

Wenn Barry je einen Disput mit mir verliert, kostet ihn das wahrscheinlich alle Haare, die er noch hat.

FRÜHJAHR
1994

Diagonal liege ich inmitten zerknüllter Laken in einem riesigen Bett, in einem Zimmer mit geschlossenen Fensterläden, unter einem gigantischen, vielfältig funkelnden Kronleuchter aus Glas, in einer Wohnung nicht weit von San Tomà. Reglose weiße Vorhänge verdecken die Fenster und die geschlossenen Läden. Ich höre das Trillern, Zwitschern, Girren und Flattern von Vögeln vor den Läden, die Geräusche von Bauarbeiten an der Casa Goldoni, das Brüllen von Arbeitern, Kinder, einen Hund. Ich höre das flaumige Anschwappen und ungleichmäßige Abströmen des Wassers oder sein Anklatschen im schmalen Rio am Fuß der Hauswand, der Außenwand meines Zimmers. Das Zimmer bebt von den sonderbaren, alles durchdringenden Vibrationen des Verkehrs auf dem Canal Grande.

Ich mag in Venedig sein, doch für mein Empfinden erwache ich in einer Kiste, die aus dem Bewußtsein besteht, daß ich atme – nicht eben begeistert, jedoch auf verschroben komische Weise erleichtert, daß ich nicht tot bin, nicht mit einem Aufschrei erwache. Ich bin sehr schwach und zerbrechlich, und ich finde alles sonderbar. Die Krankheit macht mich verschämt; krank zu sein gleicht der Traumerfahrung, daß man in aller Öffentlichkeit nackt ist. Zusätzlich zu Aids – oder in Zusammenhang damit – habe ich

Bronchitis, von der schlechten Luft im Flugzeug auf der Reise hierher. In Venedig war es erst kalt und regnerisch, dann heiß; wenn ich ausgehe, höre ich überall in der Stadt Leute husten.

Es ist April, und mein zweites Jahr als Aids-Patient hat begonnen. Ich bin auf Einladung meines deutschen Verlegers Michael Naumann in Venedig, um das Erscheinen der deutschen Ausgabe meines Venedig-Romans *Profane Freundschaft* zu feiern.

10.15 Uhr. Die Geste meines Freundes Giovanni Alliata-Cini in der Calle, als wir ihm unerwarteterweise begegneten: mit beiden Händen nimmt er meine Hand, wärmt sie und läßt sie lange nicht los. Ein zutiefst bewegendes Todesomen.

10.45 Uhr. An der Landestelle des Traghetto, in ungewöhnlich unverschmutztem, aggressivem Licht, so grell, als enthielte der Himmel winzige Partikel von scharfkantigem, gleißendem Glas, grellen, transparenten Glasstaub. In diesem schneidenden Licht verschwinden oder verblassen die Farben der Gebäude und der Wasserfläche des Canal Grande nicht, sondern strahlen etwas seltsam Praktisches aus, als wären sie herausgeputzt, geschrubbt und poliert – sogar die fernen Bereiche des Panoramas wirken poliert. Anders jedoch im Schatten. Da ist das Wasser stumpf, schmuddlig, dunkelgraugrün, und auf den Steinen ist jeder Riß zu sehen. Zusammen erzeugen Herausgeputztheit und Heruntergekommenheit eine Atmosphäre von Intimität – eine höchst intime Wirklichkeit, sollte man vielleicht sagen.

Draußen auf dem gewellten Canalazzo, inmitten der Vaporetti, Schuten, Barken und der hübschen Motoscafi, befördern die schwarzen Fährboote, Traghetti genannt – ziemlich plumpe, offene Gondeln ohne Sitze, mit je einem Bootsmann an Bug und Heck, die weitausholend und viel schneller staken als die gewöhnlichen Gondolieri – ihre dichtgedrängt stehenden, leicht schwankenden Passagiere. In korrekter Stadtkleidung mit Aktentaschen oder in Jeans und mit Schulbüchern; oder bieder in Rock und Bluse, in den Händen Einkaufsnetze voll Gemüse und in Papier gewickelte Blumen; oder in Arbeitskleidung, mit Werkzeug im Arm oder Kisten auf dem Kopf balancierend – als stumme, höfliche Gruppe werden diese Gestalten im vollbesetzten Nachen über das Wasser und seine wogenden Spiegelungen befördert. Sehr malerisch ist das, wie Charon und ein Helfer, die eine Schar jüngst Verstorbener in die Hölle übersetzen, ein Mysterium des urbanen Daseins, all diese schwankenden Leben im dunklen Boot, vor dem Hintergrund von Wasserverkehr und Palazzi.

Sechs, sieben Franzosen und Frauen von bescheidenem Äußeren – nicht jung, nicht gut gekleidet – kamen energisch die Calle entlang, Rollstühle schiebend, in denen ziemlich junge, deformierte Menschen saßen, zwei davon laut schnaufend, mit verzerrten Gesichtern und zornigen und/oder verdrossenen Blicken. Ein dritter, mit klauenartiger, erhobener Hand, wirkte mörderisch. Doch dieser Eindruck war ein Mißverständnis des Betrachters, eine Fehldeutung von Behinderung und Entstellung – von etwas Kindlichem und vielleicht in Wirklichkeit Unschuldigem, obwohl echte Wut vorhanden gewesen sein mag. Alle schienen sie in einem Käfig ganz eigener Tugend, ganz eigenen, moralisch unabweisbaren Leidens zu existieren. (Einmal fuhren Ellen und ich im Auto durch Indiana und kamen in einen Ort, in dem es eine regional bekannte Einrichtung für Leute gibt, die besonderer Fürsorge bedürfen. Diese Leute arbeiten überall im Ort in den Läden und an den Tankstellen, und alle hatten sich an sie gewöhnt. Ein normaler Bürger des Städtchens erzählte mir, dies sei einmal ein frommer Ort gewesen, der nun jedoch kein Vertrauen mehr in die Religion habe – wegen Vietnam, sagte er. Die Einwohner hatten anscheinend die Religion ersetzt, indem sie sich mit Hingabe der Güte und dem Leiden der leicht Verrückten, der von Geburt an Kranken und der Zurückgebliebenen widmeten. Alle im Ort kamen mir unbestreitbar gut vor.)

Diese Traghetto-Station liegt nicht weit vom Bahnhof entfernt. Kaum gelandet, pflegen die Leute hier unaufhaltsam die schmale Calle hinaufzurennen.

Ein Traghetto ist effizient und wendig, aber auch wacklig, und die Fahrt kostet nur fünfhundert Lire oder einen drittel Dollar – billiger kann man in der Stadt nicht Gondel fahren. Zusätzlich zu den Wellen, die durch den Bootsverkehr entstehen, erzeugt der Wind zwischen den relativ hohen Palazzi Wirbel und drückt auf die dichte Gruppe von Menschen wie auf ein schwerfälliges Segel. Auf dem Landesteg dreht sich an der Spitze einer Metallstange ein Windstärkenmesser. Ich habe schon Rollstuhlfahrer auf Traghetti erlebt, aber jeweils nur einen, und nur normale Gehbehinderte, nicht Leute, die im Käfig ihres Sonderdaseins sitzen; ich habe die Bootsleute schon einen zusammengeklappten Rollstuhl entgegennehmen und auf dem Traghetto aufklappen sehen, während ein Invalide am Arm seiner Frau auf das Boot hoppelte und dann auf dem Rollstuhl Platz nahm, den Hut auf dem Schoß und mit windzerzausten Haaren.

Die Traghetto-Männer sind zumeist höflich, aber auf Abstand bedacht, außer untereinander – da erweisen sie sich als herzlich, verläßlich und vergnügt. Sie sind nicht keß wie die Gondolieri, zumindest meiner Erfahrung nach. Sie ziehen es vor, nicht hilfsbereit zu sein. Manchmal sind sie es jedoch durchaus. Ich habe noch nie erlebt, daß einer auf dem Boot selbst eine Frau angesprochen hätte, aber in den Calli und in den Kneipen habe ich sie schon recht forsch erlebt. Sie erben das Anrecht auf den Traghetto-Betrieb. Sie wirken so unabhängig wie der Fährmann Charon oder wie Rancher in amerikanischen Western. Sie pausieren häufig, so daß sie zu siebt oder acht zwei Traghetti den Tag über ununterbrochen in Bewegung halten.

In den Knäuel der Leute, die darauf warteten, übergesetzt zu werden, oder gerade aus einem Traghetto stiegen, schoben die Franzosen die Rollstühle hinein – sie erwarteten also, selbstverständlich mitgenommen zu werden. Einer der jüngeren Traghetto-Männer winkte sie davon. Die Traghetto-Leute trinken von morgens an; sie vertragen es gut; doch in ihrer permanenten leichten Trunkenheit sind sie innerlich befreit. Sie sind von Wind und Sonne gegerbt, maßvoll müde und ein wenig betrunken.

Dem ältesten Traghetto-Mann, wahrscheinlich meines Alters, sah man diese erschlichene, gezügelte Trunkenheit mehr an als den Jüngeren. Er hastete zu den Franzosen hinüber, um sie aus dem Weg zu schaffen. Er verhielt sich taktvoll, geschickt, charmant, vertraulich. Eine der Begleitpersonen, eine Frau, stieß einen empörten, möwenartigen

Schrei der Streitlust und des Tadels aus. Vorwurfsvoll erstarrten die Franzosen, die Hüter der engelhaften Krüppel, ob der Herzlosigkeit des Mannes. Er wies den Kanal abwärts, wo sich, zwanzig Meter entfernt (obwohl sie, um dort hinzukommen, erst landeinwärts und dann wieder in Richtung Kanal würden gehen müssen), eine Vaporetto-Landestelle befand. (An diesen Landestellen gibt es Rampen, und auf jedem Vaporetto gibt es in der Mitte eine freie Fläche, auf der man oft Leute in Rollstühlen sieht.) Während dieser Episode verlor ich, meiner eigenen physischen Schwäche wegen, immer wieder die Konzentration. Dazu kamen der Wind und die Distanz zwischen mir und den Franzosen. Die ewigen Kinder in den Rollstühlen waren in einer Brandung von Schenkeln und Unterleibern gefangen, denn ständig strebten Fußgänger auf die Boote zu und von ihnen fort. Daß es hier ein Problem gab, daß hier Leute im Weg waren, akzeptierten die Italiener sofort und schlängelten sich behende vorbei.

Als die Franzosen die Lage erkannt hatten, reihten sich die Rollstühle an einem Geländer entlang des Uferstücks der Calle auf. Dieses Manöver führten sie mit großer Gewandtheit durch. Dort blieben sie dann und bildeten einen Wall, der den Durchgang für vielleicht zehn Minuten verengte, bis die Begleitpersonen auf einmal im Gänsemarsch, Rollstühle schiebend, landeinwärts zogen wie ein Kavallerietrupp und sich sehr geschwind von diesem submetaphysischen Winkel der nicht-universalen Stadt Venedig entfernten.

11.10 Uhr Gespräche. Klatsch. Geplauder. In einem gemieteten Boot. Als Stars, zu welchen wir im leicht explosiven Licht draußen auf dem weiten Kanal werden, wird uns die optimale Ausleuchtung zuteil, was jedoch eine blendende, sehr persönliche Erfahrung ist: die Sehkraft läßt nach. Die Augen weichen zurück unter die Brauen, hinter die Sonnenbrille, und machen gewissermaßen einen Sonnenmenschen aus einem, einen Italiener.

Ellen und ich erzählen unserem Freund Naumann von den Franzosen und den Rollstühlen. Wir sitzen vorne in einem Motoscafo, gleich hinter dem Bootsführer, der die Blässe und die erschöpfte Haut eines Venezianers vom Festland hat, der nur zeitweilig in Venedig und im Freien arbeitet. Wir dringen in das exzentrische, teure Wasserlabyrinth der Stadt ein. Nun bilden wir ein Objekt der Betrachtung, ein Element des nicht ganz unvergänglichen Bildes; Leute, die ein Traghetto besteigen, die auf einem vollbesetzten Vaporetto, am steinernen Ufer des Kanals oder an einem Palazzofenster stehen, blicken auf uns. Wir unterhalten uns und tuckern an dem herrlichen, mitgenommenen, unhomogenen Wust von Zierfenstern, Säulen, Steinen und Marmorornamenten vorbei, wir nötigen den grünen, rastlosen Spiegel der Wasserfläche, sich zu wellen. Die istrischen Steine der Stadt leuchten in diesem Licht. Architektonische Muster, venezianisch schön und sogleich ersichtlich, türmen sich um uns auf. Venedig scheint nur noch aus seiner Schönheit als Überlebende zu bestehen, falls dies Schönheit ist: ein Gebilde des äußeren Scheins ohne geheime Wirklichkeit… Natürlich hat die Stadt noch immer ihre Geheimnisse, doch die sind minderer Art. Ich kann mich an kein Gespräch in Venedig erinnern, dessen erstes Thema nicht Venedig gewesen wäre. Und, auf dieser Reise, an keines, in dem es nicht gleich anschließend darum gegangen wäre, daß ich Aids habe. Dann um Ellens Gesundheit. Und um ihr inneres Befinden. Dann... doch moderne Gespräche – selbst wenn sie in grellem Sonnenlicht brüllend geführt werden, damit sie den Lärm eines Motors übertönen, und während der Bootsführer dabeisteht – besitzen eine seltsame Eigenschaft: als stünden sie zwischen Klammern, sind sie dazu bestimmt, im Räderwerk jedes biographischen Versuchs, jedes Versuchs der Wiedergabe unterzugehen.

In Berlin und Paris, in New York und Mailand tauscht man Klatsch und Neuigkeiten allmorgendlich per Telephon und Fax aus – die eigentlichen Geschichten aller Dinge werden ersetzt. Erst recht beim Abendessen. Beim Lunch. In persönlichen Gesprächen, von Angesicht zu Angesicht; dies bedeutet nichts als ein Zeichen von Nähe, von Vertrauen, von einem gewissen Respekt.

Als öffentliche Verlautbarungen jedoch werden die Bemerkungen, die Stimmen anstößig. Naumann, Ellen und ich *führen ein Gespräch*; wir bringen unsere wirklichen Ansichten, unser bestes Wissen ein – echte Geschichten über Venedig, New York, Berlin. Die wahre Geschichte meines Todes aber, die wahre Natur der Beziehung zwischen Ellen und mir sind nicht für die Öffentlichkeit bestimmt, sollen nicht historisiert, nicht aufgezeichnet werden. Noch nicht.

Die Geschichte ist ein Skandal, ebenso wie das Leben und der Tod.

Ich sterbe... Venedig stirbt... Das Jahrhundert stirbt... Die schwachsinnigen Gewißheiten des letzten Dreivierteljahrhunderts sterben. Der beste Journalismus des vergangenen halben Jahrhunderts stand politisch links; daher wurde die menschliche Natur zu Beginn und am Ende jedes Artikels als unschuldig, als anständig dargestellt. Ein Trugbild, eine fromme Lüge, diese Idee – eine Absage an die Realität, eine maßlose Herablassung allem gegenüber, was weniger darstellte als absolute Macht. In ähnlicher Weise waren die Romane Phantasiegebilde – wie Raumschiffe, die ganz selbstverständlich diese Welt verließen. Das Reale war verboten.

Naumann sagt, ich sei ein *monstre sacré*, aber so berühmt bin ich nicht. Mir ist bewußt, daß mein Wollen monströs ist – das individuelle Wollen eines jeden ist monströs. Man sperre Menschen ein, und sie werden zu Monstren. Man befreie Menschen, und ihr Leben wird monströs. Wir müssen unsere Vorstellungen ändern.

Unser Bootsführer erinnerte sich zunächst nicht an San Sebastiano, Veroneses Pfarrkirche, oder wußte nicht mehr, wo sie liegt, aber er akzeptierte die Beschreibung, die ich ihm in kurzatmigem Baby-Italienisch gab. Da fiel ihm die Kirche vage wieder ein. Fünfzehn Jahre lang hat Veronese in dieser kleinen Kirche gemalt. Er wurde sozusagen weise – eine alternde Melange von kalt und heiß. Aus dem strahlenden Sonnenlicht und dem unruhigen Wasser des Canal Grande bogen wir in den Schatten eines kleinen Kanals ein, der zum Canale della Giudecca führt. Ich fühle mich unwohl, und das macht mich unruhig, gereizt. Kurz bevor wir in den breiten Canale della Giudecca einbiegen, blicke ich auf und nehme die Leute dort auf den Fondamenta größer wahr, als sie sind, und als verkürzt, wie an einem Deckenfresko. Eine Gruppe junger Männer, allesamt übertrieben prall, aber formlos – nicht trainiert wirkend, aber stark, struppig und laut, in enganliegender Kleidung – stapften breitschultrig daher, tranken, während sie sich vorwärts schoben, und filmten einander mit einer Videokamera. Fini-Leute, Faschisten, sagte der Bootsführer.

Wir fuhren hinaus in den Canale della Giudecca, und sie schrumpften hinter uns. Die heutigen italienischen Faschisten sind nicht ganz so klar *Neo*-Faschisten, wie sie behaupten; die italienischen Gesetze zwingen sie, jegliche Verbindung zu Mussolinis Lehre und Taten zu leugnen, doch der Spitze ihrer Partei gehört Mussolinis Enkelin an. Nicht auf den Calli, aber im Fußballstadion, in diesem nationalen Intimbereich, brüllen sie antisemitische Parolen und schwenken antisemitische Spruchbänder. Anscheinend muß man auf der teureren Stadionseite sitzen, wenn man sich in Sicherheit ein Spiel ansehen will – wie in England. Das Volk will Gewalt.

Von der Mitte des Canale della Giudecca aus sind in dunstiger Ferne am dichtbebauten Festlandufer Raffinerien und Fabrikschornsteine zu sehen. Die Industrieanlagen sind überholt und stellen unter ökonomischen Gesichtspunkten nicht mehr viel dar. Sie stellen Wählerstimmen dar, überzählige und unzufriedene Arbeiter. Der urbane Großraum erstreckt sich bis zum Nordrand der Adria und hinüber zu Triest. In der andern Richtung reicht er über Padua bis nach Mantua. Triest, das Veneto, Venedig und die andern genannten Regionen ergeben zusammen ein Ballungsgebiet wie dasjenige, das sich um die Bucht von San Francisco und entlang der Halbinsel erstreckt.

Der Tag riecht nach Salz und Sonne, und es liegt Blut in der Luft. Venedig selbst aber, der von Wasser umgebenen

Stadt, bleibt unmittelbare Gewalt erspart. Die Wächter der Kirchen und sonstigen Orte, die wir besuchten, gaben sich Ausländern gegenüber in unterschiedlichem Grade verführerisch oder launisch. Einer von ihnen, ein sonst sehr stiller Mann – Ellen und ich begegnen ihm oft, wenn wir in Venedig sind –, platzte schier vor Zorn, weil jemand Coca-Cola auf einem Marmorboden der Kirche, *nella chiesa*, verschüttet hatte. Dies jedoch nicht in einer geweihten Kirche; es handelte sich um die Kapelle von San Giorgio degli Schiavoni – des heiligen Georgs der Slawen. Ab und zu will das Volk Gewalt, und Venedig war immer rassistisch.

20 Uhr. Abendessen im Monaco, auf dem Terrassendeck, vor einem Himmel, den die untergehende Sonne mit dunstig schwefelgelben, schmutzig rosafarbenen und mauvegrauen Streifen durchzieht. Die beiden Kuppeln von Santa Maria della Salute lagen im Gegenlicht. Die Dogana schimmerte. Die Fabriken, die Betriebe in Mestre und Santa Margherita, die Flammen der Raffinerien waren zuvor vom Boot aus zu sehen gewesen, doch nun trug der Wind recht zartfühlend einen Hauch von chemischer Verschmutzung heran. Sanft steuerte er seltsame säurehaltige Essenzen zu der venezianischen Mixtur aus kühlen, feuchten Schwaden und trockener, afrikanischer Hitze bei. Die Boote, die das Bacino überquerten, begannen, mit Scheinwerfern zu fahren. Von Jahr zu Jahr nimmt die Vielfalt der Boote ab. Venedig wird schlichter, während es zum Museum seiner selbst altert. Dennoch ist es unwahrscheinlich, daß sich diese Stadt jemals durch Schlichtheit auszeichnen wird. Venedig ist der Inbegriff des Elaborierten. Wie wünsche ich mir, der Damm und die Bahnlinie würden durchbrochen, abgetragen, Vene-

dig würde abgeschnitten und die Lagune wieder zum Sumpf, die aufgeschütteten Kanäle der Stadt würden dem Wasser zurückgegeben, Venedig würde unbegehbar, isoliert, unpraktisch, ganz es selbst und ganz anders als die übrige Welt!

Am großen Tisch auf dem Terrassendeck sitzen Naumann, Ellen und Fritz Raddatz, ein Kritiker der *Zeit*, der sich in seiner Kolumne voll Bewunderung über meinen neuen Roman geäußert hat. In Berlin geboren, lebt er heute in Hamburg und ist nach Venedig gekommen, damit wir uns kennenlernen können. Er ist auf dem Weg nach Rom, wo er einen Vortrag und ein Seminar halten wird. Angela Praesent, meine deutsche Übersetzerin, die in Südfrankreich lebt, ist hier; Volker Hage vom *Spiegel* ist hier, eine für das heutige Deutschland typische Gestalt. Die Venezianerin Francesca de Pol, die für das Consorzio Venezia Nuova arbeitet, das mich beauftragt hat, ein Buch zu schreiben, ist hier.

Ich mag bei diesem Essen im Mittelpunkt stehen, doch überall auf der Welt – sogar in Paris – verströmen Kritiker Herablassung für Schriftsteller; dem Kritiker kommt es darauf an zu demonstrieren, wie meisterlich er im zeitgenössischen Kontext operiert. Er – oder sie – verfügt buchstäblich über eine Armee, über Phalangen von Lesern. Ein Schriftsteller dagegen ist allein, er (oder sie) ist ein Opfertier, ein Wahnsinniger und Narr. Oder ein Sterbender, oder betrunken. Manchmal mildert Bewunderung, in Spuren oder deutlich, die Herablassung des Kritikers. Oder der Neid und die Wut, die solchen Beziehungen immanent sind. Oder Mitleid. Ein Schriftsteller jedoch verfügt über keine Legionen, keine Phalangen, nur über einen «Namen», einen Duft, einen Ruf.

Während das Licht um uns her sich wandelte, während sich zwischen Düsternis und Gleißen ein träges Spiel entfaltete und jäh weite Partien des berühmten Panoramas erloschen, redete mich Raddatz mit *cher maître* an, und sein Ton besagte, daß wir einen persönlichen Erfolg feierten, einen, der noch kein öffentlicher war, es vielleicht nicht werden würde. (Die Bedeutung mancher Bücher erschließt sich erst mit der Zeit; zunächst existieren sie verlegen als intellektuelle, politische und ökonomische Fakten. Dies kann man vermeiden; man kann anders schreiben.)

Raddatz ist ein Mann meines Alters von großer Energie: deutscher Energie, die sich von amerikanischer oder italienischer Vitalität unterscheidet – Böhm im Gegensatz zu Bernstein oder Giulini. Ich bin niemals voll Energie oder Tatkraft gewesen – stark war ich zwar einmal, jedoch nie abenteuerlustig oder flink. Auf einem Stuhl auf einem Terrassendeck zu sitzen – das ist meine Art von Abenteuer.

Gleichwohl ließe sich sagen, daß an dem Tisch dort, unter den anwesenden Frauen und Männern, einschließlich des Oberkellners, der sehr präsent war, blind aufwallende Machtimpulse die jeweilige Konstellation durcheinanderbrachten; das Ansehen von diesem oder jenem, mutmaßliche Ereignisse, künftige Ereignisse erbebten befremdlich und schlugen kleine Wellen wie die bewegte, dunkler werdende Wasserfläche zu unseren Füßen. Machtfragen, die Vermengung von Kulturen, Geschlechtern und persönlichen Geschichten wurden taktvoll zu meinen Gunsten umgedeutet – vielleicht aus Mitleid, vielleicht aus Respekt.

Es kommt mir sonderbar vor, daß ästhetische Intelligenz und ein Gespür für – wie soll man es bezeichnen – unmittelbare, journalistische Macht vor lauter Bravour und Selbstbehauptungsdrang grotesk wirken kann, wie eine Art von Wahnsinn der Normalen, der Normalität.

Wahrheit erwartet man freilich kaum noch, bei nichts, und Venedig ist ohnehin eine Stadt, in der das Wahre stets mit dem Phantastischen, mit dem Berauschenden einherging, eine wirkungsvolle, verkäufliche Verbindung – und wie menschlich! Somit ist diese Stadt ein Monument der verwirklichten Phantasie, unverschämt und malerisch und zumeist festlich, von einer auf Selbsthypnose beruhenden Festlichkeit.

Ich werde weder versuchen, die Stimmen auf dem Terrassendeck wiederzugeben, noch über die Gespräche oder die Stimmungen urteilen.

Es wurde dunkler, und jenseits der flimmernden Wasserfläche erblühten die Lichter an der Fassade von Palladios Kirche Il Redentore. Die ästhetische Qualität dieser Palladio-Fassade besteht in ihrer unvenezianischen und wie endgültigen, versonnenen Reglosigkeit. Sie wurde zum Dank erbaut, als eine Epidemie geendet hatte. Zugleich zeugt sie vom zerrütteten Kapitalismus der Überlebenden – die Stadt starb damals bereits; die Fassade hat etwas von einem Grabmal für Ungemach, für das Böse, für Niedergang und Tod, als ob all das nie wieder auftreten würde...

Ich kann mich nicht erinnern, je gewünscht zu haben, Leben und Tod hätten einen wahrnehmbaren, bekannten, allumfassenden Sinn. Als Kind wünschte ich mir nur Leben, noch ein wenig mehr Leben, oder sehr viel mehr. In den ersten Qualen der Adoleszenz wünschte ich mir etwas weniger Leben – daß es mich mit seinen Gefahren in Frieden ließe. Das Atmen betrachte ich als geräuschvoll und nehme stets an, daß es eine Art von Vernunft oder Sinn enthält, wie das Stoßgebet *Laß mir doch Luft zum Atmen*. Vom Verstand nehme ich an, daß er rebellisch ist und sich aus Unterbrechungen und Forderungen nach idealen, heimlichen Höhenflügen zusammensetzt; es ist gefährlich, einen Verstand zu lieben, sogar den eigenen. Von Kind an habe ich das Transitorische von allem akzeptiert, einschließlich des Sinns – Waisenkind, das ich war. Daß Bedeutungen in Erscheinung traten und verschwanden, war ich gewohnt; nicht in dem Sinn, daß die Bedeutung einmal aufscheint und dann für immer verschwindet, sondern in dem Sinne, daß sie in unreiner Form immer wieder erscheint – wie meine Eltern, die Parties so sehr liebten, kamen und gingen, sich feinmachten, das Haus verließen und wiederkamen: in meiner Erinnerung kehren sie noch immer wieder. Durch die Krankheit hat sich daran nichts geändert; der Tod ist von transitorischer, von wechselnder Bedeutung für mich. Auch wie ich ihn empfinde, wechselt – die Bilder dafür, der Schock, der durch die Nerven fährt, die Furcht (oder die Panik) hinter dem Brustbein. Ich neige dazu, mit mir umzugehen, als wäre ich ein nervöser Hund, sagen wir, ein Schnauzer. *Ist schon gut*, sage ich mir, *ist ja schon gut*. Manchmal kommt es mir so vor, als tuschelten mein Blut, meine Knochen, meine Nerven, mein Geist, mein Herz miteinander, jedoch nicht mit mir: ich fühle mich wie der in Auflösung begriffene Vater der noch vorhandenen Teile meiner selbst. Ich würde gern eine kleine *chiesa* in Venedig stiften, die da hieße die Kirche des heiligen Todes und des gelassenen Abschieds vom wahren Sinn.

Irgendwann kurbelten die Kellner eine braun-weiß gestreifte Markise über uns, so daß wir in einem Raum mit Segeltuchhimmel am Rande des Wassers saßen. Manche Extravaganzen – wie auch manche Formen von egoistischer Beharrlichkeit – enthalten etwas Ernstes, ein verborgenes Skelett von Gnade – ich verstehe dies im Grunde nicht.

Um halb elf war ich erschöpft, und zu müde, um ein Motoscafo zu nehmen, stieg ich mit Ellen in ein Vaporetto. Wir betraten seinen erleuchteten Kubus. Das Vaporetto, von einer schmalen Zone hellen Wassers inmitten der Dunkelheit umgeben, bot die beiläufige Kameraderie eines öffentlichen Verkehrsmittels bei Nacht. Es tuckerte den Canalazzo hinauf. Ich lehnte mich an Ellen, die meinen Körper stützte, während wir an den dunklen oder erleuchteten Fassaden der Palazzi am Canal Grande vorüberfuhren.

Ich hätte gern kleine Porträts von Ellen, Naumann und den andern gezeichnet, die nach Venedig gekommen waren, um uns zu sehen, aber ich glaube nicht, daß es Kranke schaffen können, wirkliche Menschen zu skizzieren. Die Krankheit läßt einen anderen Menschen auf eine besondere, verengte Weise wahrnehmen, als lebhaft, aktiv und unvernünftig. Und doch befinden sie sich außerhalb des Käfigs, sie existieren noch in der wilden Natur, haben sogar noch eine Zukunft, diese Existenzen. Für mich sind reale Gesichter, ist die Präsenz von Menschen, nicht verziert mit Bedürfnissen oder Interessen von meiner Seite. Ich betrachte Gesichter, ohne mit Temperaturschwankungen auf sie zu reagieren, wie vom Ende her, die Augen, die Nase, der Geruch ihrer Haut oder der Gewebe, die sie tragen. Ich finde, es wäre eine außerordentliche Zudringlichkeit, eine Grenzverletzung, kühl ein reales Gesicht und alles, was ich darin geschrieben sehe, zu beschreiben, Tod oder Triumph, Haß und Enttäuschung, Wahnsinn oder Flucht vor dem Wahnsinn, Neugier, heimliche, einsame Liebe, Verlangen, Ungestüm und Witz oder aber Blindheit. Ich ziehe es vor, mich wahrheitsgetreu und klarsichtig imaginären Gesichtern zu widmen. Oder solchen, die toten Personen gehören. Halb habe ich immer gewußt, daß der Erzähler von *Die flüchtige Seele* in gewissem Sinne erst für sich selbst würde gestorben sein müssen, bevor er sich luzid, grausam, einfältig beschreiben könne.

Sie beginnt im Schlaf, eine teils geträumte Erinnerung daran, jung zu sein und zum Leben eines jungen Mannes zu erwachen. Heute morgen habe ich mit Michael Jordan Basketball gespielt, und ich war so stark wie er, wenn nicht stärker. Welch ein Wust von Rollen, von *personae*, sich doch einmischen, wenn man krank ist, neben dem Abscheu vor sich selbst und dem Bedürfnis, sich zu schützen, der immer wiederkehrenden Einfalt und Panik. Meine Identität gleicht einem Floß, umhergeworfen oder dahingleitend auf einem Strom von Gefühlen und Schrecken, darunter auch die morgendliche Illusion (die manchmal zehn Minuten anhält), jung und heil zu sein.

Ich habe die Verantwortung dafür übernommen, meine Eltern am Leben zu erhalten – alles in allem tat ich es sieben Jahre lang, erst für meinen Vater, dann für sie beide, dann für meine Mutter, nicht stetig, aber doch so gut ich konnte.

(Nach meiner Erinnerung an diese Zeit war ich auf ziemlich zufallsabhängige, hoffnungsvolle Art eingebildet. Ich verhielt mich ausweichend und war alles in allem gar nicht so gescheit und frei von bewußtem Ehrgeiz; ich wartete darauf, daß mir ein Schicksal aufgedrängt würde, wie es auch gewiß geschehen wäre, hätte der Krieg angedauert.) Mit dem Geld, das ich als Nachhilfelehrer und Platzwächter auf dem Sportgelände verdiente, wurde eine Putzfrau bezahlt. Und mein leiblicher Vater schickte mir Geld, das ich zu den Haushaltskosten beisteuerte. Wir erhielten in der Wohnung ein zivilisiertes Leben in kleinem Maßstab aufrecht. Vor allem versuchte ich, alles auf eine Ebene von Bedeutungen begrenzt zu halten – auf die nicht-körperlich-gewalttätige, nicht von Gekreisch erfüllte, nicht-sexuelle Ebene; auf jenen Sinn, der auf «Es geht um Leben oder Tod» und «Wir lieben einander» beruht. Sie rissen ihn alle immer wieder ein, diesen Sinn, wie Besoffene. Und ich glaube, der Umstand, daß ich mich ihnen entzog, war die Kompaßnadel, die ihnen die Richtung wies und ihnen nahelegte weiterzuleben. Manche Menschen kämpfen mit einem irdischen Ideal vor Augen, einer idealen Liebe, in dem Gefühl, sie sei ihnen versprochen und vorenthalten worden.

Und dann brachte ich Joe Brodkey um. Ich wußte jedoch nicht – im naturwissenschaftlichen Sinne –, daß es ihn umbringen würde, wenn ich intelligent und abschließend mit ihm redete. Ich stand an die Kommode gelehnt, und er lag auf meinem Bett, und ich sagte, er könne mich überhaupt nicht mehr berühren, mir nicht einmal die Hand schütteln, wenn er sich nicht *benähme*. Mord ist immer ein Experiment des armen, stolzen Verstandes zur Gestaltung der Wirklichkeit. Was ich gesagt hatte, genügte rhetorisch und emotional, um Joe Brodkey zu erledigen; er ächzte und wand sich und funkelte mich an. Er kehrte das Gesicht zur Wand und erklärte mir, ich sei ein kalter Fisch – weil ich nicht mit ihm herummachen wollte. Er war geil und eigenartig.

Zum Mißbrauch, zum Mißbrauchtwerden: dies ist ein so unermeßliches Thema, daß das Problem, ob man versucht, darüber nachzudenken und darüber zu sprechen, zugleich das Problem darstellt, wie man die Erzählung, Schilderungen und Urteile in irgendeinem Rahmen bannen kann.

Gegen Ende der Phase, in der ich der «Wahrheit» in diesen Dingen nachging, lernte ich einen Lehrer namens Charles Yordy kennen. Charlie war zehn, zwölf Jahre jünger als ich. In den frühen siebziger Jahren lernte ich ihn eines Tages in der Sauna kennen; ich besuchte oft die homosexuellen Saunen, gewöhnlich nachmittags, wenn sie leer waren. Dann konnte ich, in Hinblick auf die Gesellschaft, de facto unsichtbar, abgeschieden, ganz für mich sein. Charlie war adoptiert worden, und er pflegte seinen sterbenden Vater. Er war verrückt – verrückt, intelligent und oft inspiriert. Je zur Hälfte war er polnischer und italienischer Abstammung, und er war bei sehr provinziellen angelsächsischen Protestanten in Pennsylvania aufgewachsen. Er war Funktionär der Lehrergewerkschaft. Außerdem war er ein echt sexuelles Genie, klassenbewußt, wütend und voller Unterlegenheitsgefühle, aber überströmend, lebendig und irrsinnig ruhelos. Mir brachte er Anbetung entgegen, vermischt mit tiefster Wut.

Es ist nicht so, daß ich in ihm mich selbst gesehen hätte. Nein. Zum ersten Mal aber erspähte ich Fragmente meiner Geschichte mit Joe Brodkey im Leben einer andern Person. Ich begann anders zu schreiben. Die erste Story hieß *Eine nahezu klassische Story*, die zweite *Unschuld*. In beiden ging es um die Autonomie von Frauen, und beide beruhten darauf, daß mir die Flucht vor Joe Brodkey gelungen war, wenn auch unvollständig.

Charlie schätzte seine Adoptiveltern nicht sonderlich, soweit ich erkennen konnte, blieb ihnen gegenüber aber durch physische Dienstbereitschaft loyal. Er wirkte offen, hatte jedoch trübe blaue Augen, die einem nichts verrieten, was man nach seinem Willen nicht wissen sollte. Er sprach mit einer Folge höchst stilisierter Blicke. Charlie war ein sehr scharfer Beobachter. Er war es, der mich darauf hinwies, daß Dick Avedon sich in allen seinen Modephotos im Grunde selbst darstellte, während die ernstzunehmenden Photographien *den anderen* zeigten. (Heute ist das ein Klischee, damals aber war es neu.)

Charlie zog bei mir ein – tatsächlich wohnten während dieser Jahre zwei Männer bei mir. Der zweite, Douglas, war vollkommen anders: dänisch-deutscher Abstammung, über eins neunzig groß, sehr blond und vom Gebaren eines sehr jungen Geschöpfs. Gelegentlich fickte ich sie, gewöhnlich einzeln, und unternahm «romantische» Dinge mit ihnen. Der sexuelle Kram war nur Bestechung; vor allem brauchte ich Schutz, während ich arbeitete und versuchte, die Vergangenheit und das Leben anderer zu durchschauen. Schreiben hält einen demütig, macht einen jedoch auch zum in sich versunkenen Gefangenen. Beide hatten sie Anfälle von Zerstörungswut, aber sie beschützten mich tatsächlich, jedenfalls für eine Weile, während ich schrieb. Und ich heiterte sie auf, wenn sie deprimiert waren, und stellte sie gescheiten Leuten vor.

Charlies Liebe war immer wütend; sie war von Mut und dem Gefühl geprägt, er werde geprellt. Niemand war für ihn wirklich ganz vorhanden, außer bedürftigen kleinen Kindern. Kinder nahmen ihn für sich ein. Er zählte zu den erfolgreichsten Lehrern, die an der stinkvornehmen Vorortschule, an der er arbeitete, je unterrichtet hatten. Kein Kind entging seiner Sympathie. Und kam umhin, etwas zu lernen. Aber die Eltern seiner Schüler mochte er fast nie – er mochte fast keinen Menschen. Erwachsen zu werden interessierte ihn nicht. Er ist an Aids gestorben. Ich glaube, daß er mich infiziert hat.

Jahre später verließ er, sterbenskrank, seinen Freund und kam nach New York zurück, um in der Nähe von Ellen und mir zu sein. Er war seltsam gefügig und vernünftig und trotz der Schmerzen und diversen Leiden sehr bemüht, Mut zu beweisen. Am Ende ging er in ein Krankenhaus. Er wollte mit mir sprechen. Er sagte nicht, daß er mich gern habe, daß es ihm gutgetan habe, mich zu kennen, oder vielleicht – nun, daß ich jemand sei, mit dem er Jahre verbracht habe; sondern er fragte mich nach meinem Bild von Gott. Dann, am Tag darauf, erzählte er mir, er habe eine Vision gehabt und Gott gesehen.

Am letzten Tag seines Lebens rief er frühmorgens an, als ich mich gerade anzog, um ihn im Krankenhaus zu besuchen. Er sagte, er sei auf der Intensivstation, und nun habe er herausgefunden, wie er aufgeben könne – er habe Gott ganz stark erfahren, als sengenden Blitz, der verlösche und doch irgendwie nicht.

Und dann, statt Lebwohl zu sagen oder etwas dergleichen, sagte er: «Nun bin ich genauso gescheit wie du», und legte auf.

Daß ich noch eine Weile weiterlebe, morgens erwache, hier sitze und schreibe, ist ein Teil der merkwürdigen Gleichung, nach der ich, je mehr Kraft ich habe, desto mehr von Furcht bedrängt werde und darum arbeiten, tanzen oder beten muß. Im Moment bin ich etwas kräftiger, was zum Wahnsinnigwerden ist, weil es bedeutet, daß ich nur im Moment kräftiger bin; Logik und Intelligenz sind davon abhängig, daß man eine Zukunft hat, wußten Sie das schon? Logik ist für mich zu etwas furchterregend Reinem geworden, zum bloßen Sport, so altertümlich wie die Falkenjagd.

Die Furcht bewegt sich in mir und ist ohne scharfe Kontur. Sie umgibt mich mit seltsam elektrisierendem Geflüster und dem Gefühl, ich würde verbrannt, ins Licht geschossen – oder ins Dunkel. Furcht sollte man sich nicht als unphysisch vorstellen. Man sollte sie nicht in ein *Wort* packen. Ich bin nicht gar so unmittelbar in der Hand des Todes, und doch gerate ich ihm näher und näher.

Manchmal kann ich sie mir noch aus der Seele schlafen, meine Furcht. Meine Träume sind nun sanft, selbst wenn es ihnen darum geht, daß ich überfallen, ausgeraubt und zu Boden geschlagen werde, selbst wenn ich meinen Autoschlüssel in ein Stück nachgebender Erde stecke. Oft aber wache ich von einem Nachmittagsschlaf in dem grauenhaften Gefühl auf, daß es vorbei ist und niemals viel bedeutet hat; ich hätte niemals ein Leben gehabt. Die kostbare Zärtlichkeit und die harte Arbeit sind infiziert mit dem Faktum Tod: nun scheint es, als wären sie so wundervoll nicht gewesen, doch sonst habe ich nichts gehabt. Und dann möchte ich getröstet werden. Ich will meine Stille in ihren alten, unbedrohlichen Formen wiederhaben und die Feigheit des Possenreißers. Ich will atmen können, ich will Geschichten und die Welt.

OPFER-SONG
Hab, ach, als Opferkünstler geschwitzt
dreisten Herzens, Aids-bespritzt
Ich hab den Leichenwagen mir stibitzt
holla-tira, tralalala...

Muß mich mit einem Leintuch-Visier maskieren
mir den Mund verkleben und den Schlund zementieren
um bloß nicht «ach, wie ist das schwer» zu repetieren
holla-tira, tralalala...

Inmitten liberaler Blätter will ich sanft verfaulen
und lauschen auf des roten Windes letztes Jaulen
während Neo-Schwindler und Diebe mir die Preise rauben
holla-tira, tralalala...

Als ich endlich fortzog, um aufs College zu gehen, tobte Ida, die Schwester meiner Mutter, und kreischte mich an, ich brächte Doris um, indem ich sie verließe. Ich sagte zu Ida: «Wenn du dir so verdammte Sorgen um sie machst, wird's Zeit, daß du mit ihr zusammenlebst.» Sieben beschissene Jahre.

Doris benutzte ein spezielles Krankenhaus-Make-up. Als Kleinstadt-Schönheit blieb sie bis zum Ende eine gutaussehende Frau. Ich kaufte ihr bei Shreve, Crump & Low in Boston eine silberne Puderdose und ein französisches Bettjäckchen, als ich auf dem College war. Flüsternd nannte sie mir ihre letzten beiden Bitten – zum einen wünschte sie Morphium, zum andern, ich möge lernen, meine Hemden selbst auszusuchen und Frauen nicht wie Dienstboten zu behandeln. Davor hatte sie mich gebeten, die furchtbaren Dinge in der Vergangenheit nicht ihr zum Vorwurf zu machen und meine leibliche Mutter nie zu vergessen, gemäß dem Versprechen, das sie, Doris, ihr gegeben hatte.

Ich habe Ceil, meine Mutter, mein Leben lang entbehrt – ihre physische Größe, ihre Seele, ihren Duft, einen kleinstädtischen Duft mit einem Hauch von Staub. Sie wirkte kühl, so erhitzt sie sein mochte.

Ich hörte Geschichten, hauptsächlich von Doris, über Ceils Reise von Rußland hierher, nachdem sie in den Revolutionen von 1905 und 1917 vergewaltigt worden war, und über das Leben in dem kleinen Ort, viel kleiner als Alton, in dem Ceil wohnte. Die Elemente, die zum Verständnis solcher Geschichten noch am ehesten beitrugen, waren erstens, daß ich sie gekannt hatte: *Sie hielt dich in den Armen und wollte dich nicht mehr absetzen*, und zweitens, daß sie verschwand. Alle Kinder befürchten, daß ihre Mutter, wenn sie das Haus verläßt, nicht mehr zurückkommen wird. Ich habe davon die ganze Kindheit hindurch geträumt (und träume jetzt davon, wo ich derjenige bin, der im Begriff ist, fortzugehen und nicht mehr zurückzukehren), denn eines Tages, als ich anderthalb Jahre alt war, ist es geschehen – oder, genauer gesagt, es begann zu geschehen. Ceils Verschwinden enthüllte sich von Tag zu Tag mehr – es geschah nicht in einem einzigen Moment, nicht einmal in einem Moment der Erkenntnis oder in einem des Entsetzens und der Verzweiflung; es entfaltete sich von Minute zu Minute, von Stunde zu Stunde, inmitten anderer Ereignisse. Ein Rätsel.

SOMMER
1994

Heute morgen, als ich von dem Haus auf dem Land – dies ist vielleicht einer meiner letzten Aufenthalte dort – in den Ort fuhr, um die Zeitung zu holen, sah ich einen Mann, der etwa so groß und ähnlich gebaut war wie ich, nur war er etwa fünfunddreißig Jahre alt und gesund. Für eine Sekunde kam es mir so vor, als wäre ich mit einer Axt der Länge nach gespalten worden. Ich biß ins Dunkel... Der Erschlagene beißt ins Dunkel und fällt ins Irgendwas, sagt Homer.

Ellen sieht heute gut aus, strahlend sogar. Das kommt von der frischen Luft und vom Garten. Vom Fenster meines Arbeitszimmers aus sehe ich sie arbeiten, ihre zierliche Vitalität, Gewandtheit und Kraft beruhigen mich, schokkieren mich aber auch ein wenig. Wie lebendig sie ist. Nichts bewegt mich mehr so, wie der Anblick von Gesundheit, wie eine gesunde Regung – ruckhaft verdreht es mir den Kopf: *Sieh dir das an*, rufe ich lautlos, *schau mal, wie gesund!*

Der Garten gehört nun ihr. Er schweift über Steinmauern hinweg, die wir errichtet haben, um einen steilen Hang abzusichern. Zum größten Teil liegt dieser Garten auf Augenhöhe, und daher gleicht er einem lebenden Gemälde oder einer Serie von Pflanzenbildern, getroffen jedoch von aktivem – nicht gemaltem – Licht. Zu den Gründen, einen solchen Garten zu schaffen, gehörte, daß jemand von meiner Größe fast überall darin arbeiten konnte, ohne niederzuknien und ohne die Pflanzen zu stören. Ich habe einen grünen Daumen, aber ich bin unbeholfen, und mir ist aufgefallen, daß manche Pflanzen, wenn sie blühen, anscheinend einen darwinistischen Stolz besitzen, der Platz fordert und gleichsam Abgeschiedenheit, damit sie sich im satten Licht möglichst prächtig und verführerisch Bienen und Hummeln (und sogar dem Wind) präsentieren können, nach dem spärlichen Winterlicht.

Ellen ist dünn und behend, und sie arbeitet mit Liza McCrae zusammen, einer jungen Gärtnerin, die ebenso gewandt und zudem recht hübsch und unabhängig ist – man sieht es ihrer Haltung an, so herrisch wie die irgendeiner blühenden Pflanze, die das Sonnenlicht und die Perspektiven ausnutzt und ihre Blüten dahin hebt, wo sie gesehen werden könnten. Natürlich ist Liza herrischer als eine Pflanze, aber fast so ruhig und nahezu so schweigsam. Sie ist jung. Meine Frau ist doppelt so alt wie Liza, aber sie ist schön, ebenso schön wie Liza und ähnlich spindeldünn-herrisch, jedoch trauriger als Liza, ersichtlicher zum Beschützen neigend und in den immensen Räumen und Fluren des Schicksals und der Zeit ein wenig verlorener, wohingegen Liza bisher aus purem Trotz besteht.

Dort in der Sonne sind sie erstaunliche Geschöpfe; keine bekennt sich je zu Durst oder Müdigkeit, jede ist so feinkörnig und feinnervig wie die Pflanzen, skrupellos, flink und gewandt graben, hacken, rupfen und zwacken sie. Für mich sieht es so aus, als hinterließen sie auch in der weichesten

Erde keine Fußspuren – keine Fußabdrücke, keine zerdrückten Blätter, keine geknickten Stengel.

Manchmal machen sie eine Pause und reden miteinander, die eine stehend, die andere sitzend, oder beide sitzend, Gartenhüte auf den Köpfen. Wenn sie lachen, klingt es leise und ein wenig fern, ziemlich so wie die Laute, die der Garten von sich gibt, oder wie man sie sich von Anemonen vorstellt, wenn sie empfangen, oder vielleicht von Rosen in der frühen Sommerluft.

Ich bin hingerissen von diesem Anblick, Frauen in einem Garten...

Die Erinnerungen an Gärten, die grünen Verkörperungen der Ideen, welche Gärten austragen – Glücksideen, Spielzeugpanoramen, Lichtskulpturen –, sind etwas, womit ich mir schlimme Stunden erleichtere. Ich kann mich an Glück in einem Garten so intensiv erinnern, daß mich Entzücken durchflutet, daß ich vor Lust erröte.

Heute sind wir eigentlich recht glücklich. Von einer Stunde zur nächsten kann das wechseln. Ich weiß nicht mehr, wieviel Kraft Ellen irgend etwas kostet. Wenn ich ihr Gesicht direkt ergründen will, maskiert sie alles, außer Mitgefühl – und Warten. Nun ja, sie zeigt auch Zärtlichkeit und Amüsement. Und Erstaunen, manchmal. Ich kann sie ganz leicht zum Weinen bringen, indem ich sage: «Frag mich doch nicht wegen des Windfangs auf dem Speicher, mach es einfach so, wie du es haben willst.» Womit ich natürlich impliziere, daß ich nicht mehr dasein werde. Fortwährend schließt sich das Buch.

Die Zahlen meines Bluttests zeigen, daß ich den erwarteten Abschwung vollzogen habe, und falls die Tests nicht fehlerhaft sind, ist meine relative Glückssträhne vorüber. Ich bin imstande zu arbeiten, jedoch ohne große Hellsicht. Noch wirke ich nicht krank – seit mehr als zwei Jahren hatte ich keine Infektion mehr, und vom Auszehrungssyndrom bin ich verschont geblieben; aber wieder ermatte ich leicht, und von den Medikamenten wird mir stärker übel.

Der Tod ist ein Langweiler. Doch das Leben ist auch nicht sehr interessant. Ich muß schon sagen, ich hatte vom Tod erwartet, er werde bedeutungsvoll glimmen, aber das tut er nicht. Er ist bloß da. Ich fühle mich nicht sonderlich allein oder verurteilt oder unfair behandelt, denke jedoch viel über Selbstmord nach, weil es so langweilig ist, krank zu sein, ziemlich so, als wäre man in einen Updike-Roman gezwängt. Ich muß schon sagen, ich verabscheue es, weiterzuleben, wenn es sich nicht nach meinen Bedingungen machen läßt.

Bei Aids hat man oft eine sehr, sehr starke Schuppenbildung. Ich auch. Wie soll man dieses Gefühl beschreiben, man löse sich in Flocken auf? Und bei jeder Anspannung tränen mir die Augen; mein Magen, der obere Teil davon, der näher an der Kehle ist, füllt sich mit Säure. Dieser Blödsinn raubt mir die Luft. Übelkeit setzt ein, rumort und pocht. Alle Todesarten haben etwas Ironisches an sich – Karzinome, Herzattacken, alle. Zu dem, was der Mann oder die Frau einmal war, passen sie nur als ironische Kommentare.

Ich will keinerlei Gesten menschlicher Solidarität. Ich fühle mich ohnehin sehr menschlich, unsäglich menschlich, was soviel heißt wie nur menschlich, und das Bedürfnis, mir das noch einmal von andern beteuern zu lassen, verspüre ich nicht. Ich kann das Schweigen Gottes als sehr schön empfinden, auch wenn dieses Schweigen mir gilt. Ich bin gern allein, allein mit den Wänden. Ich tue, was ich tue, ich denke, was ich denke, und zum Teufel mit allem andern, mit Euch andern; Ihr existiert ohnehin eigentlich nicht für mich – Ihr seid nur Mythen für mich. Ihr spielt nur eine Rolle, wie Doris am Ende. An jedem Aspekt des Lebens nehme ich jetzt Show und Rollenspiel wahr.

Die Wahrheit ist, daß ich den Sinn für Menschen eingebüßt habe. Ich meine, genau das passiert tatsächlich, wenn man die übliche Verfälschung einer hoffnungslosen, zum Tode führenden Situation zum Teil beiseite wischt, wenn man nicht mehr ganz so tut, als wäre man einer der Götter auf einem römischen Deckengemälde.

Am Anfang, vor zwei Jahren, hielt ich es für eine Sache der Etikette und Höflichkeit, im Hinblick auf diese Krankheit öffentlich tapfer zu sein, doch das ist im Verlauf der Zeit schwieriger geworden. Die Selbstsucht ist wieder an die Oberfläche getreten, und auch der Zorn. Tod und Schmerzen gleichen schauerlichen Verschwörern, im Moment noch gedungen, jedoch als die Bosse für die Phase des Umsturzes und der Revolution vorgesehen. Ich kann sie in meinem Wahlkreis bereits riechen. Ich bin so launisch und snobistisch wie Coriolan. Jetzt versuche ich, Nutzen aus der Krankheit zu ziehen, und ich sage Sätze wie: «Belästige mich doch nicht damit – ich *sterbe*, Himmel noch mal.» Der Nachteil davon ist, daß es einen nur desto mehr zum Gegenstand von Neugier und – als jemand, der unter kontinuierlich sich verschlechternden Umständen im Sterben liegt – von Ausnützung macht. Die Leute sind strukturell gut darauf eingerichtet, einen gemäß dem Grade zu behandeln, in dem man sich schützen kann; das heißt, wenn man sichtbar wenig Stärke besitzt, wird man zu jemandem, der zu berauben ist – seiner Würde, seines Geldes, seines was auch immer. Nicht immer geschieht das bewußt. Oft allerdings doch.

Anscheinend haben gewisse Leute, Männer und Frauen, reiche und arme, den fast automatischen Drang, sich keinen Triumph entgehen zu lassen und sich auf Kosten anderer zu behaupten. Anfangs, als Ellen und ich erfuhren, daß ich Aids habe, fiel es uns schwer zu lügen, und wir fanden es erleichternd, freimütig und offen zu sein. Inzwischen ist meine Freimut, was Aids betrifft, hauptsächlich ein Protest gegen die gesamte Welt, eine Herausforderung: *Schauen wir doch mal, wie ihr mich jetzt anlügen werdet.* Und fast alle lügen tatsächlich, die Intelligentesten und Freundlichsten (ich werde überschwemmt mit Überlebensgeschichten und Versicherungen, daß ich überleben werde) ebenso wie die ganz Unwissenden und die Unfreundlichsten. Ich wußte, daß Barry sich für mich fürchtete, daß er zum Lügen als dem Weg riet, der einem Menschen mit Aids manches erleichtern kann. Ich habe nur einiges von dem vorhergesehen, was passieren würde.

Ich bedaure, daß ich in der Vergangenheit so höflich war. Auf mindestens einem Dutzend Leuten würde ich gern herumtrampeln. Vielleicht lebe ich ja lange genug, um genau das zu tun, bevor ich so weit dahingeschwunden bin, daß ich nicht einmal mehr auf einer Gänsefeder herumtrampeln kann.

Jedenfalls habe ich nun zwei Wochen im Bett gelegen, in der Fötus-Haltung. Ich wünschte, ich wäre jung. Ich habe Blätter und frische Luft satt. Die Natur scheint die Todesfront nicht ernst genug – oder vielmehr *zu* ernst – zu nehmen.

**HERBST
1995**

Es ist immer schwer zu sagen, ob ein Begriff, den man ironisch geprägt hat, nicht bereits eine geflügelte Jargon-Wendung ist – jedenfalls schätze ich in letzter Zeit den Begriff «Stress-Management» über alle Maßen. Stress-Management bedeutet fast totale Verantwortungslosigkeit: jeden Abend eine Schlafpille, endloses Fernsehen, Post-Beantwortung nur dann, wenn ich mich weltoffen oder gesellig fühle. Diese Adoleszenz ist uralt, und sie hat etwas von der Attitüde einer männlichen Diva... *Seht her, ich sterbe...*

Die Prozession der Pillen: heute morgen zwei Advil, eine 3TC, eine AZT, eine Paxil, eine Mycobutin und so weiter und so fort; und gestern abend, als ich von Schweißausbrüchen durchweicht war, eine Behandlung mit Pentamidine. Die körperliche Schwäche und mein persönliches Gefühl von Unwissenheit lassen die schwarzen Schlünde entstehen und erfüllen mich mit ungeduldiger Furcht. Die Nadel hat die Stelle des Kusses eingenommen. Der Tod und ich liegen in totalem Streit, Kopf an Kopf, bei klarer gegenseitiger Abneigung. Der Tod will niemanden haben, der nach Arznei schmeckt, aufgedunsen und konturlos, fett und bleich ist – und Schuppen hat. In physischer Hinsicht bin ich nun endlich ein Intellektueller. Doch der Akquisitionstrieb des Todes wird siegen. Ich empfinde den Tod als Schmutz, der über mir zusammenschlägt.

Einige Leute, die ich einmal gut kannte, haben weder geschrieben noch angerufen, seit ich krank geworden bin. Vielleicht wollen sie nicht stören. Vielleicht habe ich stärker irritierend gewirkt, als ich früher vermutet habe; und jetzt irritiere ich noch mehr. Unter diesen Umständen ist es wirklich schwierig zu wünschen, man hätte irgendeinen dieser Menschen mehr geliebt oder hätte sich liebenswürdiger benommen. Man wünscht sich, *sie* hätten dauerhafter, scharfsichtiger geliebt. Oder mit mehr Vergebung. (Man wünscht sich nichts und alles, je nach der Stunde und dem Maß an Unwohlsein, das die Todesnähe mit sich bringt.)

Wir verkaufen das Haus auf dem Land, und Ellen hat viele Möbelstücke von dort in die Wohnung gebracht. Wo ich jetzt auch hinsehe, gibt es also hübsche alte Objekte, Teile von Objekten. Neulich bin ich gestolpert und habe dabei einen hölzernen Raben vom Regal gefegt, und sein Schnabel traf mich so, daß Blut floß, verseuchtes Blut. «Aber was hat es zu bedeuten?» fragte ich Ellen. Sie ist noch immer stark und möchte noch immer, daß wir viel Zeit miteinander verbringen – sie sammelt die Minuten. Ich sehe nun etwas Orlandoartiges an ihr: sie ist Vater und Mutter, Gattin und Gatte, Tochter und Sohn; sie ist sie selbst und ich, wie ich in den dahingeschwundenen Jahren war.

Irgendwo in der Geschichte der amerikanischen Marine gibt es einen Admiral, der zu seinem ersten Offizier sagte: *Feuern, wenn bereit, Gridley...*

25. Oktober 1995: Ich habe Geburtstag. Und zum ersten Mal in meinem Leben als Erwachsener ist es für mich von Bedeutung, daß ich eine bestimmte Zahl von Jahren erreicht

habe: ich bin fünfundsechzig Jahre alt, aber es geht mir weniger darum, daß ich fünfundsechzig bin, als um die Vorstellungen von Geburt, nahendem Alter und nun nahem Tod. Fast bin ich am Ende der Liste von Medikamenten gegen Aids angelangt, die ich nehmen kann. Ich wache mit Angst auf. Ich weiß nicht, mit welcher Geschwindigkeit ich mich auf meinen Tod zubewege. Die Ärzte können es mir nicht sagen – es gibt, was Aids angeht, nur ein einziges hartes medizinisches Faktum: daß man daran stirbt. Das harte soziale Faktum ist, daß man leidet. Man nähert sich dem Ende seiner bewußten Existenz – oder das Ende des Bewußtseins nähert sich einem –, und das Ich erfährt seltsame Veränderungen: Hoffnung auf ein Heilverfahren, halbherziger Glaube an Therapien, die das Leben verlängern könnten (um ein Jahr, zwei Jahre? Drei Jahre sind eine so unermeßliche Zeitspanne, daß man das Leben wie auf unbegrenzte Zeit verlängert empfindet, wenn man hoffen kann, noch drei Jahre länger zu leben). Je weniger Glück man hat oder wahrscheinlich haben wird, desto fester ist man auf einmal wieder von seinem Glück überzeugt. Und dies, während sich die Ärzte zurückziehen. Sie haben nichts mehr anzubieten. Sie halten mit ihren Kräften und den medizinischen Ressourcen des Hospitals haus, aber es fühlt sich so an, als würde ich ausgesperrt, so wie ich aus dem Haus ausgesperrt wurde, als ich sechs Jahre alt war. Als Erfahrung gleicht es den zornigeren unter den frühen Schilderungen von Leuten, die unter Aids litten, mehr, als ich nach all diesen Jahren für mich und andere Aids-Kranke erwartet hätte.

Ich schlafe nun ohne den Schutt von Träumen oder Symbolen, ohne Bilder, weder von Löwen noch von Tigern, ohne Blumen oder Licht, ohne Jesus oder Moses – nur einige wenige Erinnerungen, zumeist aus der Kindheit, tauchen auf, vielleicht wegen der Ausbrüche von Nachtschweiß, die ich manchmal den ganzen Tag über habe. Ich rolle den grasbewachsenen Hang hinter dem Haus in Alton hinunter. Es dämmert. Dunkle Schatten flattern in der Luft – Fledermäuse, sage ich heute, wie ein Schulkind, das auf eine Frage im Unterricht antwortet. Und der Vogelgesang! Der Vogelgesang aus den Zeiten vor DDT: ich wußte gar nicht, daß ich ihn so heftig vermißt habe. Singt! Zwitschert! Ein Zug fährt auf den Gleisen unterhalb der Klippe, der Kalksteinklippe, dahin. Tschucke-di-tschuck, huff-huff. Die Erwachsenen sitzen in diesen schweren hölzernen Liegestühlen der dreißiger Jahre: so gelassen, so elegant. Und ich, ein pummliges Kind, das so bald nach dem Tod seiner Mutter noch nicht bereit ist, Wörter zu gebrauchen, in Halbstiefelchen und weißen Socken, ich brülle, kreische, es ist meine Art von Vogelgesang, während ich rolle; Steine und Kiesel drücken sich mir in die Rippen. Mit den Tönen, die ich erzeuge, mache ich mich größer. Schneller und schneller rolle ich, und dann fängt entweder mein Vater mich ab, oder ich kugle gegen einen Baumstamm, da bin ich mir nicht sicher.

Mit dem sich wandelnden Schwung verwandelte sich alles – wie das Licht aufleuchtete und Namen erhielt, Dämmerung zum Beispiel; wie die Bäume und Gesichter hervortraten und benennbar wurden. Ich erinnere mich, wie groß ich mich nach dem Abenteuer fühlte, aber auch klein, faktisch klein. Und da ich meinem eigenen Empfinden nach nichts

Eindeutiges war, weder klein noch groß, weder Junge noch Sohn in diesem Haushalt, erinnere ich mich, wie traumhaft es war, niemand zu sein, aufgehoben zu werden und nicht von bedeutendem Gewicht zu sein. Die Gerüche – des Grases, des Hemdes meines Vaters –, sie waren bedeutsamer als ich. Ich war nichts und niemand, fast schon vom Schlaf verschlungen.

Ich nehme 300 mg AZT und 300 mg 3TC täglich, und meine T-Zellen sind wieder auf über hundert angestiegen. Dies mag trügerisch sein, aber ich bin dankbar. Etwa alle drei Wochen inhaliere ich Pentamidine. Ich nehme zwischen fünfzehn und zwanzig Pillen täglich ein. Die Kosten sind astronomisch, und das sind auch die Honorare der Anwälte, selbst wenn sie sie aus Freundschaft drücken. Tina Brown vom *New Yorker* und meine Agentin Deborah Karl haben von Anfang an gesagt, sie würden uns beschützen. Ich weiß nicht, ob Sie verstehen können, was ein solcher Kampfbeistand bedeutet, wenn man hilflos ist. Freundlichkeit sagt immer sehr viel Bedeutsames über das Universum aus, doch vielleicht zählt sie, strahlt sie noch mehr in Beziehung zu dieser als zu jeder andern Krankheit, die es im Moment gibt. Dies liegt, glaube ich, daran, daß diese Krankheit sogar noch mehr allem hohnspricht, was man zuvor dargestellt hat – geistig und physisch, gesellschaftlich und erotisch, emotional und taktisch.

Ich wünschte, jemand fände eine Heilmethode. Ich will wirklich nicht auf diese Weise sterben. (Und ich hätte gern das Gefühl, mein Tod habe einen gewissen Sinn und sei nicht nur zufällig; und er gehöre mir und nicht jenen, die darüber reden.) Gleichzeitig aber muß ich gestehen, daß ich nicht viel Grund zur Klage habe. Oft möchte ich durch die Straßen gehen und *Rettet mich, rettet mich, rettet mich* anstimmen, doch das tue ich nicht, zum Teil deswegen nicht, weil fast jeder karitative Akt, jeder Akt des Mitgefühls mir ein wenig Sinn und Frieden bringt. Einer meiner Enkel fragte: Bist du krank? Und ich sagte *ja*, und dann wechselte er das Thema. Als der Besuch zu Ende ging, war es ihm wichtig, mir ausdrücklich zu sagen, daß er mich ganz arg möge. Ich mag ihn auch ganz arg. Er sollte mit seinem andern Großvater für einige Wochen nach Kenia und Südafrika reisen. Ich trug ihm auf, er solle dem Gras meinen Namen zuflüstern, wenn er in Afrika sei, und ganz unfeierlich wiederholte er meine Worte und sagte, er werde es tun.

Heute finde ich nicht das mindeste in meinem Leben, worauf ich stolz sein könnte – Liebe oder Mut oder großzügige Handlungen. Oder mein Schreiben. Größtenteils hat mein Leben aus Irrtümern bestanden. Aus Irrtümern und Quatsch. Gelebt zu haben kommt mir wie ein Haufen Quatsch vor. Alles in Sprache Gefaßte stirbt nacheinander ab – ein morbider Cheerleader-Abmarsch.

Sechs Wochen lang war ich nicht imstande zu arbeiten, aber davor habe ich, wenn ich konnte, an einem Text zur Erinnerung an Frank O'Hara gearbeitet, der mich mit dem Werk von Pollock und Rothko vertraut gemacht hat. Heute habe ich daran gedacht, wie ich zum ersten Mal ein Tropfbild von Pollock sah: die Farbe noch kaum trocken, und dieser Wahnsinn, diese Vitalität, die bebende Schönheit, der Schock, diese immense, so immense Frische.

Ich erinnere mich an Chartres im Jahre 1949, bevor die Glasmalereien restauriert waren. Niemand, mit dem ich gesprochen, nichts, was ich gelesen hatte, hatte mich auf die Zartheit der Farben vorbereitet, des blassen Blaus, ein echtes Himmelblau, und des Gelbs. Das überirdische Theater im Schiff der Kathedrale, während das Licht draußen von Moment zu Moment wechselte – Wolken vorüberwehten – und die Farben in rotierenden Wirbeln innerhalb der langen, schräg einfallenden Strahlen von Madonnenlicht aufleuchteten und dunkler wurden. Ich hatte mich noch niemals *in* einem genialen Werk befunden.

Ich habe wieder zu sterben begonnen. Mit neuen Pillen hatte ich mich erholt, doch dann brach ich zusammen. Ich bin, was als «Auskoppler» bezeichnet wird: bei meinem Zustand sind gewisse Werte günstig, andere nicht, aber sie schwanken unabhängig voneinander, während sie sich in dieselbe Richtung bewegen sollten.

Im Spiegel sehe ich manchmal das seltsam umgemodelte Gesicht eines adoptierten Kindes, das sich rüstet, sein neues Haus zu betreten. Ich finde jetzt Opernarien sehr bewegend – prächtig und auf subtile Weise grob, technisch raffiniert, langatmig, peinlich detailreich und untaktisch, unamerikanisch und weit jenseits der Stotterei von Dialogen.

Wieder handeln meine Träume zumeist von Ferien, und die Stimmung darin ist eine noch-liebliche, sie kommentieren sogar die Lieblichkeit von Luft und Licht an dem fremden neuen Ort, an dem ich als Tourist bin. Vielleicht ist es ein verbilligtes Paradies. Gewöhnlich enden die Träume mit sanftem Ertrinken, und dann erwache ich.

Ich sollte zu Abend essen. Ich habe weder gegessen noch meine Pillen genommen – nur ein kleiner Selbstmord. Vor allem lebe ich noch Ellens wegen, obwohl ich imstande wäre, mich anders darzustellen, wenn eines der Enkelkinder in der Wohnung wäre. Es ist unglaublich sonderbar, noch zu leben, wenn alles vorüber ist, wenn alles erledigt ist. Der arme Kundera. Es geht um die unerträgliche Leichtigkeit des Nichtseins. Was, glauben Sie wohl, wäre nun eine Umarmung von mir wert?

In New York lebt man noch um einiges stärker im Augenblick, als Sokrates empfohlen hat, so daß es einem bei einer Party oder allein im eigenen Zimmer immer schwerfallen wird, den Wert abzuschätzen, den irgend etwas auf lange Sicht besitzen könnte. Als ich anfing, gelegentlich nach New York zu kommen, studierte ich in Harvard. Das war sechs Jahre nach Ende des Zweiten Weltkriegs. New York glitzerte damals nicht. Es gab keine spiegelnden Glasfassaden, sondern Steingebäude, die starr wirkten und kleine Fenster hatten, welche vereinzelte Sonnenstrahlen einfingen und in der Dämmerung funkelten; Reihen von Häusern in paillettenbesetzten Korsetts. Wenn ich in einem Cabriolet, das der sehr reichen Mutter eines Studienfreunds gehörte, durch die Straßen fuhr, präsentierten sich mir all die plötzlich sich auftürmenden und dann fliehenden Perspektiven, als hinterließe der eigene Kopf eine ungeheuer hohe steinerne Kielwelle. Reklamen flogen vorbei, Plakatwände, Neonschriften und Schilder über Schaufenster: eine Einladung zum Ende der Einsamkeit. New York war wortgeil. Es war bedrohlich und reizvoll, wie die rechtwinkligen Perspektiven sich längs der fetten Avenues verzerrten, die sich ihrerseits im schwindenden bläulichen Licht des in Auflösung begriffenen Arbeitstags verwandelten. Überwältigende Schönheit und Sorglosigkeit, das war Manhattan damals – eines der Weltwunder.

New York war die Metropole der amerikanischen Sexualität, der einzige Ort in Amerika, wo man einigermaßen kultiviert Sex haben konnte, und deswegen waren Peggy Guggenheim und André Breton während des Krieges hierhergekommen, während Thomas Mann, der schüchtern war, und Igor Strawinsky, der fromm war, nach Los Angeles gezogen waren, dem besten Ort für Voyeure. Ich bin immer verrückt nach New York gewesen, abhängig von der Stadt, beängstigt von ihr – sie ist ja auch wirklich gefährlich –, doch dahinter verbarg sich der Druck, der auf einem lastet, wenn man jung ist und noch nichts hervorgebracht hat, was einem wirklich gefällt – ein Werk wie ein Markenzeichen, ein bahnbrechendes Werk. Das Problem an der Einladung, die einem die Stadt übermittelte, bestand darin, daß man sich bewußt war, man werde es vielleicht nicht schaffen: man konnte ertrinken, aus dem Zug fallen – jede Metapher, die einem zusagte, paßte –, bevor man etwas Interessantes gemacht hatte. Dann hätte man sein Leben vergeudet. Man arbeitete entweder hart oder überhaupt nicht und versuchte, dem fortwährenden vernichtenden Urteil standzuhalten. Man sah mit an, wie manche Leute die Gesprächsbeiträge anderer nach Formulierungen durchsuchten – jene Jagd nach Ideen, die manchmal dem Aufsammeln toter Vögel gleicht. Man wurde der Kehrseite des Glanzes ansichtig – daß jeder eifersüchtig ist. Es ist kein Scherz, das große Getöse von New York. Es ist das Geräusch, das schrille Leute bei der Party, bei allen Parties erzeugen, während sie für diesen da den Zuhälter spielen und jenem da einen Gefallen erweisen und verblasene öffentliche Erklärungen abgeben und ganz sittsam sind und Erpressungen lancieren und hinterher beim Essen über alle herziehen. (Es hieß, man könne in New York jeden unbeliebt machen, indem man diesen Menschen vor einer nervösen, ehrgeizigen Person lobe.) Die literarischen Gespräche von New York wurden von den Beteiligten oft zu den besten Gesprächen in Amerika erklärt. Jemand sagte etwa: «Harold, etwas Besseres als heute abend kriegst du in ganz Amerika nicht zu hören.» Das war gewöhnlich ein halsabschneiderischer Monolog, im Vorbeigehen abzutun, ohne besondere Sorge um Aufrichtigkeit formuliert. Freilich ging es auch nicht um die Wahrheit, um die es in New York so gut wie niemals geht.

Schreiben lernen: ich weiß noch, mit welch purem Ernst ich erstmals eine öffentliche Fähigkeit erwarb, etwas lernte; zugleich lernte ich auch, wie zerbrechlich mentale Errungenschaften sind, lernte die Verzweiflung kennen, wenn diese Neuerwerbung meinem mentalen Zugriff entglitt. Beim Versuch, die Erwerbung festzuhalten, wird man ganz starr; wenn sie einem erhalten bleibt oder, genauer gesagt, wieder in Erscheinung tritt, schließen sich ihr andere an. Vielleicht richtet man sein Alltagsleben um diese Rarität herum ein. Man läßt nicht davon ab, wenn andere mit einem reden, nicht beim Vögeln und nicht, wenn die Leute die höchste Aufmerksamkeit fordern, deren man fähig ist. *Sie sind eine kalte Person*, sagen sie über diese Eigenschaft.

Ich bin süchtig auf Sprache, auf das Erzählen von Geschichten und auf Journalismus. Ich lese, nicht mehr wie rasend, aber doch konstant. Ich sehne mich danach, die Worte anderer zu lieben, andere für ihre Worte, ihre Ideen zu lieben. Innig liebe ich die Konversation, eine reflektierte Fertigkeit, die in geringem oder hohem Grade zu den Künsten des gesellschaftlichen Aufsteigers zählt. Ich unterhalte mich liebend gern, und weitaus am liebsten, wenn von dem Gespräch nichts abhängt, weder Geld noch Sex oder Einladungen – nur das Gespräch, wie bei rein wissenschaftlichen Experimenten, oder als eine lustige Mischung aus chemischen und elektrophysikalischen Erkundungen, die unmittelbar begreiflich sein – und unvermittelt begriffen werden – müssen, bei denen keiner dominieren kann und Gewandtheit eigentlich alles ist.

Das Telephonieren ist eine wunderbare Geistvergeudung – diese stimmlichen Mätzchen, allesamt vergessen, kaum daß sie ausgesprochen sind. Und, ah, die kleinen Faxe. Die kleinen Faxe verschlingen die zarten Wehwehchen.

Als jemand, der krank ist, habe ich nur zweifelhaft das Recht, das Leben eines andern zu unterbrechen, und ich versuche, den Zugriff anderer auf meine Zeit zu regulieren. Ich mag nicht zusehen, wie andere sich mit den Fakten abmühen – wer ich bin, zum Beispiel, oder mit meinem Tod und was er für sie bedeutet; doch wenn man offen damit umgeht, daß man diese Krankheit hat, dann sind solche Reaktionen und Störungen unvermeidlich. Ich habe eigentlich nicht damit gerechnet, daß ich noch so lange leben würde. Ich glaube nicht, daß ich vernünftig bin, aber es ist mir auch gleichgültig, ob ich vernünftig bin oder nicht.

Ich habe einige der neuen Medikamente ausprobiert. Es gibt da ein neues, bislang unerprobtes Medikament namens Saquinavir, und um es zu erhalten, habe ich an einer Lotterie für Leute mit niedriger T-Zellen-Zahl teilgenommen, Auslosung von Probandenplätzen nennen sie das, glaube ich. Bisher habe ich erst einmal im Leben in einer Lotterie gewonnen, in der vierten Klasse. Diesmal wird sich die Sache offenbar verzögern: ein neues Krankenhaus-Supervisionskomitee wurde gebildet, das die Lotterie und die Zuteilung des Medikaments zu überwachen hat – vor allem, glaube ich, um Ärzte daran zu hindern, es aus Mitgefühl unsachgemäß zu verschreiben. Oder aus Wichtigtuerei. Es geht das Gerücht, daß das Medikament, ein Proteinase-Hemmer, und übrigens einer der schwächsten, schwierig herzustellen ist. Es können sich leicht Versorgungsengpässe und Verzögerungen ergeben, was heißt, daß wir alle gestorben sein könnten, bevor wir es probiert haben.

Für mich, ob ich nun neurotisch (falls dieses Wort noch etwas besagt) bin oder nicht, war reale Krankheit niemals nützlich, stellte sie nie eine Landschaft (oder ein Königreich!) erhöhter Sensibilität oder gesteigerten Erzählvermögens dar. Ich weiß noch, daß ich vor etwa einem Jahr meinte, wenn ich keine Kraft mehr hätte, würde es mir unmöglich sein zu denken; zu schreiben. Ich hatte zum Kranksein kein Talent. Und ich habe es nicht mit Anmut hingenommen, abhängig zu sein.

Einmal habe ich mich allerdings bei Ellen entschuldigt. Ich sagte, es tue mir leid, wirklich leid, daß ich ihr dies antue, ihr so viel Arbeit mache, und nach einer ziemlich langen Pause sagte sie: «Harold, du hast immer so viel Arbeit gemacht. Der einzige Unterschied ist, daß ich dir die Mahlzeiten ans Bett bringe und daß ich weine, wenn du Schmerzen hast. Aber Arbeit hast du immer gemacht.»

Und wie Sie sehen, schreibe ich noch immer. Ich pflege Tagebuchaufzeichnungen zu machen, und so verfolge ich meinen Übergang in die Nichtexistenz mit. Beinahe ist es mit dieser Identität, diesem Verstand, dieser besonderen Form des Sprechens vorbei.

**HERBST
1995**

Ich bin am Ende der Liste von Medikamenten gegen Aids angelangt. Ich bin voll Furcht, wenn ich nun aufwache; es ist eine sonderbare Furcht – ebenmäßig, begrenzt, final.

Im Kranksein, wie ich es nun erlebe, verbinden sich Schocks – *diesmal werde ich sterben* – mit einem Schmerz, mit Qualen, die mir nicht vertraut sind, die mich mir entreißen. Es ist, als nähme man an seiner Beerdigung teil, als suche man den Verlust in seiner reinsten, monumentalsten Form auf, dieses wilde Dunkel, das nicht nur unbekannt ist, sondern in welches man nicht als man selbst eintreten kann. Nun gehört man ganz und gar der Natur, der Zeit: die Identität war ein Spiel. Was demnächst passieren wird, ist nicht grausam, sondern nur eine Art und Weise, entlarvt zu werden. Die Erinnerung, wie vollständig und klar oder wie gewunden auch immer, muß beendet, muß abgestreift werden, als träte man aus einer Kapelle und brächte das Gebet im Kopf zu einem Ende. Es ist der Tod, der bis zum Mittelpunkt der Erde, der großen Grabkirche, welche die Erde ist, hinabreicht und andererseits hinaus bis zu den gekrümmten Rändern des Universums, wie man es dem Licht nachsagt.

Nennen wir es den Schlund, den melodramatischen Schlund: die bodenlose Gefahr, in der man sich auf der Welt befindet, hat einen Boden: Blut und endendes Bewußtsein.

Dennoch erwache ich nicht voller Wut oder wütend darauf erpicht, zu kämpfen und anzuklagen. (Irgendwie hat es mir immer an Zorn gefehlt. Ich bin unbezähmbar und willensstark gewesen, jedoch ohne Zorn. Ich fand oft, daß Männer nach Zorn stanken; deswegen habe ich Frauen vorgezogen, und Homosexuelle.) Ich erwache in der nicht völlig angewiderten Gewißheit, daß ich einfach wieder jung und auf kuriose Weise friedlich bin, ein Beobachter, der um den Streitwagen der Zeit weiß und spürt, daß irgendeine Metamorphose sich ereignet hat.

Ich durchlebe eine umgekehrte Adoleszenz, ebenso mysteriös wie die erste, nur empfinde ich sie diesmal als Verfall der Chance, daß ich vielleicht noch eine Weile leben, daß ich durch Schlafen darüber hinwegkommen kann. Und ich erlebe sie als sprachliche Veränderung: ich kann nicht sagen: *Ich sehe dich dann im Sommer.* Ich kann nicht schmerzfrei leben, und die Kraft, von der ich den ganzen Tag über zehre, ist Ellens Kraft. Manchmal kann ich nicht ganz glauben, daß ich jemals lebendig war, daß ich ein anderer gewesen bin und geschrieben habe – und geliebt oder in der Liebe versagt habe. Diese Tilgung verstehe ich im Grunde nicht. O ja, einen Abschluß kann ich begreifen, daß eine große Macht mich durch jemand anderes (und durch Schweigen) ersetzt; diese Unfähigkeit aber, angesichts des Todes eine Identität zu wahren – das, glaube ich, habe ich nie beschrieben gefunden, in keiner der vielen Todesszenen und Schilderungen des Alters, die ich gelesen habe. Es ist merkwürdig, wie mein Leben zu diesem Punkt hinabgetaumelt ist, daß meine Erinnerungen nicht mehr den Körper betreffen, in dem sich meine Worte bilden.

Man könnte vielleicht sagen, daß ich sehr wenig aus meinem Leben gemacht habe, doch *la douceur*, wenn dies das richtige Wort ist, Talleyrands Wort, war überwältigend. Schmerzlich und licht und wundervoll.

Noch immer habe ich Tausende von Meinungen – von den Millionen, die ich einmal hatte –, und wie immer weiß ich nichts.

Ich weiß nicht, ob die innere Dunkelheit zunimmt oder ob ich mich auflöse, sanft explodiere, in winzige Komponenten anderer Existenzen zerspringe: Mikroexistenz… Ich registriere sensibel die Geschwindigkeit, mit der die Momente dahinziehen, und wenn ich mich in jenen Teil meines Kopfes begebe, der aufmerksam die Bewegtheit der Welt wahrnimmt, ist mir bewußt, daß das Leben nie perfekt, nie absolut gewesen ist. Dies macht mich genügsam, sogar furchtlos. Trennung, Distanzierung, Tod. Ich sehe, wie jemand anderes darauf besteht, er oder sie führe ein verdienstvolles Leben – durch Pflichterfüllung, Intellekt, Leistung –, und erkenne, daß dies größtenteils Unsinn ist. Und ich, zum Teufel noch mal, bin entweder ein Genie oder ein Betrüger, oder – was ich eigentlich glaube – besessen von Stimmen und Ereignissen vom äußersten Rand der Erinnerung, und niemals habe ich anders existiert als nach Art eines Vorgartens in Illinois, in dem sich diese Dinge abspielen, immer wieder, bis ich sterbe.

Es stört mich, daß ich das Ende des Jahrhunderts nicht mehr erleben werde – denn ich erinnere mich, daß ich, als ich jung war, in St. Louis zu meiner Adoptivschwester Marilyn gesagt habe, so lange wolle ich leben: siebzig Jahre lang. Und dann das Fest erleben. Ich erinnere mich an das wirkliche Licht, das im Zimmer herrschte – ich nenne es wirklich, weil es kein Traumlicht ist. Marilyn ist sehr hübsch und ein bißchen von sich eingenommen, etwas mollig, und nie möchte sie so alt werden wie Großmama. Wenn Marilyn noch lebt, müßte sie jetzt Mitte Siebzig sein: vielleicht würde ich sie auf der Straße nicht wiedererkennen.

Jedem habe ich die Frage gestellt – ich war vielleicht sechs oder sieben –, wirklich jedem, den Kindern in der Schule, den Lehrern, den Frauen in der Kantine, den Eltern anderer Kinder: *Wie lange willst du leben?* Ich nehme an, insgeheim lautete die Frage: Was macht dir Freude? Hast du Freude am Leben? Würdest du unter allen Umständen versuchen weiterzuleben?

Bis zum Ende des Jahrhunderts, sagte ich, wenn man mich fragte. Nun, ich werde es nicht schaffen.

Wahre Geschichten, autobiographische Geschichten, beginnen wie manche Romane lange vor den Ereignissen, von denen sie berichten, vor der Geburt mancher Personen, die in der Geschichte agieren. In meinem Falle sollte eine autobiographische Geschichte vom Sterben also Mitteilungen über die Juden in Europa sowie über russische und jüdische Ereignisse enthalten – über Pogrome, Flucht, Morde und die Revolution, die meine Mutter hierhertrieb. (Eine Familie von Rabbis wie die meine, die sich durch vierzig Jahrhunderte schleppt, stellt ein Netz von Kopulationen dar, in das die halbe Welt und ihre genetischen Spuren einbezogen sind, so daß ich, wenn ich in den diversen Abschnitten meiner selbst umherwandere, auf Schatten aus Nürnberg, Hamburg und St. Petersburg stoße.) Also sollte ich auch eine Ode auf Amerika, auf Illinois, auf *Winkel* der Welt schreiben, und auf die Einwanderung, das Nomadentum, den Stolz von Frauen, auf Lüsternheit und, in gewissen Fällen, Warnungen. Ich sollte ein Solo auf die Klassenfragen singen, in denen leidenschaftliche Überzeugungen sich mit Abgrenzungsbedürfnissen verbinden. Ich sollte ein Lied auf jene Menschen singen, die kategorisch darauf bestehen, daß sie selbst und nicht die Gesellschaft, nicht fixe Ideen darüber bestimmen werden, wer sie sind. Ihnen bin ich mit meinem Leben, meinem Werk, meinen Gefühlen, meinem Tod verbunden.

Meine eigenen Schatten, das Licht von New York, werden mir nun manchmal zuviel; ich schließe die Jalousien. Gerade habe ich Raumschiffe für meinen Enkelsohn gezeichnet.

Ich fühle mich sehr gut, und irgendein mysteriöser Zyklus will es, daß ich mich nun schon eine Woche sehr glücklich fühle. Außerdem bilde ich mir heute, ohne besonderen Grund, enorm viel auf mein Schreiben ein. Alle interessieren sich mehr für meinen Tod. Ich kann mich mit meinem Tod nicht abgeben, außer insofern er meine Bücher betrifft. Wenn ich das so hinschreibe, ist es eine Pose, innerlich aber ist es sehr echt, sehr beständig, dieser Zustand, für eine Weile sehr beständig. Tatsächlich sind alle meine Zustände nun sehr unstabil, als ob ich tanzen würde, nur daß es die Zeit ist, oder meine Zeit, die sich bewegt, und daß es diese Zeit ist, die stolpern und fallen könnte, so jedenfalls könnte es erscheinen – dies meine ich mit unstabil. Die Welt erscheint mir noch immer wie in großer Ferne. Und jeden dahingleitenden Moment höre ich wispern. Und doch bin ich glücklich – sogar überdreht, richtig närrisch. Aber *glücklich*. Welch sonderbare Vorstellung, daß man den eigenen Tod genießen könnte! Ellen hat begonnen, über dieses Phänomen zu lachen. Wir sind grotesk, das wissen wir, aber was können wir schon tun? Wir sind glücklich.

Was mich angeht, so habe ich ein literarisches Ansehen vornehmlich im Ausland, *verankert* aber bin ich hier in New York. Ich weiß keinen andern Ort, an dem ich lieber stürbe als hier. Gern würde ich es im Bett tun und dabei aus meinem Fenster schauen. Ich finde den Ärger, das Unbehagen, die schiere physische und mentale Gefährdung hier interessanter als das Behagen irgendwo sonst. Hier liege ich, an das Fenster geschmiegt, und kann nach Midtown schauen, wo im wechselnden Licht die Hochhäuser paradieren; vorüberfliegende Vögel werfen Schatten auf mich, auf mein Gesicht, meine Brust.

Ich kann die Vergangenheit nicht ändern, und ich glaube, ich würde sie auch nicht ändern wollen. Ich erwarte nicht, daß man mich versteht. Mir gefällt, was ich geschrieben habe, die Stories und die beiden Romane. Müßte ich, um von dieser Krankheit befreit zu werden, auf das verzichten, was ich geschrieben habe, ich täte es nicht.

Man kann die Welt satt haben – die Gebete-Macher, die Gedichte-Macher satt haben, deren Rituale zerstreuen und die menschlich und angenehm sind, aber noch ärger als ärgerlich, weil sie nichts Reales enthalten –, während einem die Realität selbst sehr lieb bleibt. Man möchte das Wirkliche noch hie und da erspähen. Gott ist etwas Unermeßliches, während diese Krankheit, dieser Tod, der in mir steckt, dieses kleine, banale Ereignis, lediglich real ist, restlos, ohne ein Wunder zu bergen – oder eine Lehre. Ich stehe auf einem frei dahintreibenden Floß, einem Kahn, der sich auf der biegsamen, fließenden Oberfläche eines Stroms bewegt. Eine unsichere Situation. Ich weiß nicht, was ich da tue. Die Unwissenheit, die angespannte Balance, die abrupten Stöße und die Instabilität breiten sich in kleinen, immer weitere Kreise schlagenden Wellen über all meine Gedanken aus. Frieden? Den hat es auf der Welt niemals gegeben. Doch auf dem geschmeidigen Wasser, unter dem Himmel, unverankert, reise ich nun dahin und höre mich lachen, zuerst vor Nervosität und dann vor echtem Staunen. Ich bin davon umgeben.

Die Originalausgabe erschien 1996 unter dem
Titel «This Wild Darkness. The Story of My Death»
bei Metropolitan Books, Henry Holt
and Company, Inc., in New York
Redaktion Thomas Überhoff
Umschlaggestaltung Nina Rothfos
(Foto: photonica / Joshua Sheldon)
Satz aus der Garamond (Linotronic 500)
Gesamtherstellung Clausen & Bosse, Leck